本书由南京大学文学院副院长、
中国古代文学教授苗怀明博士审订，
特此致谢。

把成语用起来

一读就会用的
分类成语故事

写人和描景 · 情绪和神态

歪歪兔童书馆 / 编著

海豚出版社
DOLPHIN BOOKS
CICG 中国国际传播集团

学会用成语，令言谈和作文生色

本书审订人　苗怀明
（南京大学文学院副院长、教授、博士生导师）

如果将博大精深、丰富多彩的中国语言比作一座大花园，那么，成语肯定是其中最为绚烂也最为神奇的花朵。说其绚烂，是因为它是汉语的精华所在，凝聚着一个古老民族数千年的智慧；说它神奇，是因为它有奇妙的功用，很普通的一句话有了它，立即会产生非常神奇的表达效果。

什么是成语？

简单来说，成语就是人们长期以来习用的、简洁精辟的定型词组或短句。这里有几个关键词要注意：

首先，**成语是词组或短句**，其中以词组居多，大多是由四个字组成，比如一笑千金、沉鱼落雁、虎踞龙盘等等；也有三个字、五个字乃至更多字的，比如空城计、鸿门宴、周瑜打黄盖、行行出状元、过五关斩六将等等。

但这些词组或短句必须是定型的。所谓定型就是词组或短句的组成是固定的，其意思和用法也是固定的，轻易不能改动，比如"一笑千金"就不能写成"一笑万金"或者"一笑百金"，这样写不会被人们接受、认可，因为成语是人们约定俗成的，经过了时间的检验。

其次，**成语往往有着相当悠久的历史**，是人们长期以来习用的。比如"大义灭亲"一词出自《左传》，可以说从《左传》面世之日起就开始流传，粗略算起来，这个成语已经有着两千多年的历史了。

那些产生时间较短、没有经过长期使用的词语或短句不能叫成语，比如近年流行的那些词语如"不明觉厉""喜大普奔"之类，还没有经过时间的检验，是不能叫成语的。

再次，**成语是高度凝练的词组或短句**。很多成语的背后都有一段故事，成语则是这段故事的高度凝结。比如"洛阳纸贵"，如果只看这个词的字面意思，是无法正确理解其内容的，只有了解了西晋文学家左思创作《三都赋》的故事，知道这个成语的具体含义，才能准确应用。

成语内涵丰富，意义隽永，短短几个字，其背后往往有着十分丰富的内容。因此，**成语是汉语的精华，是了解中国语言乃至中国历史文化的一个窗口。要想学好汉语，就必须学好成语，熟练掌握了成语，就等于掌握了汉语中内涵最丰富、感情色彩最浓厚、表达力最强烈的一批词汇。**

❓ 为什么要学成语？

对于初学者来说，**成语是打开汉语宝库的一把钥匙**。在日常对话中，不失时机地用上一个成语，所表达的内容远远超出普通四个字所能表达的，整个人也马上变得儒雅起来。在写作文时，恰到好处地使用几个成语，一下就能丰富文章的内涵，提升文章的档次，使文章更具文采。

除了语言的价值和功用，**学习成语也是我们了解中国历史及中国文化的一个便捷途径**。很多成语是从著名的历史人物和故事演化而来的，出处往往是古代的重要典籍，比如"作法自毙"出自司马迁的《史记》。了解这个成语，就可以知道商鞅变法的情况，了解秦国何以能在战国群雄中脱颖而出，最后统一中国。如果能认真阅读

《史记》中的相关记载,对古代汉语的学习更有帮助。

成语的形成过程复杂,在多数情况下,词语的意思和出处的意思一致,但有的时候,从出处引申出来的意义会和字面上的意义相去甚远,甚至是截然不同。比如"呆若木鸡"一词,出自《庄子·达生》:"鸡虽有鸣者,已无变矣,望之似木鸡矣,其德全矣;异鸡无敢应者,反走矣。"其本意是精神内敛,不为外界干扰,像木头一样,全力为将要到来的战斗做准备,现在则形容一个人有点儿呆傻,或者是因惊诧而发呆的样子,不仅含义不同,感情色彩也从褒义变为贬义了。

一些成语在长期使用的过程中,意义也会发生变化,这就需要我们认真寻找成语的源头,弄清楚其来龙去脉,准确地理解其背后隐含的意义、褒贬色彩、使用语境等,否则就会在日常对话或写作中闹笑话。比如"罄竹难书"一词,出自《吕氏春秋·明理》:"此皆乱国之所生也,不能胜数,尽荆越之竹,犹不能书。"形容罪行多得写不完。有的人不理解其意思,竟然用来形容好人好事,说某人的光荣事迹罄竹难书云云,这就张冠李戴,要被人嘲笑了。

因此,对成语准确、熟练地掌握需要专门的学习,了解其内涵,明白其用法。有鉴于此,歪歪兔精心打造,推出这套成语故事书,从最初提出选题构想到定下结构体例,从向作者约稿到插图的创作,再到后期的排版和审校,前后历时三年多,才有了现在我们拿在手中的这一套颇有分量的成语故事书。

本套成语故事书的四大特色

市面上的成语故事书多得数不胜数,但本套图书特点鲜明、风格独特,在众多同类书中具有很高的可辨识度。

总的来看,该书有如下几个鲜明的特点:

首先是收录的故事和成语数量多。

本书共10册,包括500个成语故事、8000多个成语,基本上涵盖了中小学阶段需要了解和掌握的成语。可以说从小学到高中,拥有这样一套内容丰富、设计精美的成语故事书,就可以满足各个阶段学习成语的需求。

本书在成语故事的选择上，兼顾可读性和实用性。除了人们所熟知的经典故事，也适当选择了一些读者相对陌生但富有趣味或意义深远的故事，还有一些字面意思直观生动、表现力强的成语，以增加读者的成语储备，拓展读者的知识面。

其次是成语故事原汁原味，知识版块多，便于学习和掌握成语。

本书的500个成语故事由古文功底深厚的儿童文学作家、一线中小学语文老师通力合作，按照成语故事出处原文改写，以保证成语故事的原汁原味。全书大部分成语故事出自《左传》《战国策》《史记》《汉书》《后汉书》等史书，或《论语》《庄子》《孟子》《韩非子》《世说新语》等经典名著，很多成语故事同时也是历史故事、寓言故事，由此可以增加读者对中国历史文化的了解，对经典古籍的熟悉度。

每个成语故事名称都标注了拼音，正文中的生僻字也加有注音，以帮助读者扫除阅读障碍。每个成语故事还设计了多个内容丰富的知识版块，可以起到拓展知识面、强化成语学习、加深记忆理解的作用。

本书所收成语，全部标出最早出处，包括书名、作者、时代以及原文等，读者可对照阅读出处原文和故事中的改写部分，提高文言文阅读水平。

成语释义包括对难懂字、词的解释，详细解释成语的本义及引申义，便于读者完整理解成语的含义。大部分成语列有近义、反义成语各1~3个，有助于读者进一步熟悉该成语，在表达同一个意思时可以有多个选择，或是用反义成语表达相反的意思。

故事后面一般附有两个例句，一个是从古今文学作品中挑选的例句，另一个则是贴近学生学习和生活的例句，让读者学会如何在具体语境中使用成语，看过故事之后，就能在日常对话和课堂写作中把这个成语灵活运用起来。

在特别设置的成语个性版块中，除了成语的同义异形成语、易读错写错的字、成语的进阶用法、褒贬色彩的古今差异、近义成语辨析等内容，还收录了许多与本成语、本故事、本故事主人公相关的文学文化常识，这有助于扩大读者的知识面，提升"大语文"素养。

再次，这套成语故事书最与众不同的一个特点，就是将所有的成语按其含义分门别类地进行编排，有助于科学系统地学习，方便快捷地查找。

本书一改大多数成语故事书按音序或笔画排列的简单结构，把成语意义相近的故事排列在一起。500个成语故事按照意义的不同，共分成"写人和描景""情绪和神态""品质和性格"等20大类，一册两类，让读者在阅读故事的同时能类比对照、举一反三，发现相似主题故事间的异同，以加深对成语意义的理解。最后一册书后附有按音序排列的500个成语故事总索引，以方便读者检索。

8000多个成语也分为20大类，作为附录附在相应分册的书后。大类之下，总共又分为400多小类。在每一个小类中，又把意义相近或结构相似的成语列在一起。有些成语有两种以上的意义，则按照不同的义项归入不同的分类中。为便于快速查找，附录中的成语不带注释，因分类较细，读者不难推测出成语的含义。

很多读者在说话、写作时会有这样的困扰，那就是想用成语的时候，却想不起来用哪个成语。这主要是因为成语储备量少，很多成语看过之后就忘记了。有的读者成语储备量虽然较多，但因没有科学地分门别类存放在大脑中，需要使用的时候也不能快速准确地提取出来。

本书不仅能大大扩充读者的成语储备量，更可以让读者在学习时就把这些成语系统地、井井有条地存放在脑海里。如果读过之后还是记不住这么多成语，也有更简单的办法，那就是在写作文时，直接到相应的分册附录中按类查找，根据需要选用合适的成语。

最后，图文并茂，轻松易读。

本书500个成语故事均配有90后新锐插画师历时两年精心绘制的插图。有的插图重在表现故事情节，有的插图重在表达成语含义，有的则两者兼顾，让阅读变得更轻松，理解更直观。插图风格传统中寓现代，工笔外兼写意，在阅读文字的同时也可以提升孩子的审美力。

二 如何阅读使用这套书?

处在不同年龄段、对成语学习有不同需求的小读者,该如何阅读使用这套成语故事书呢?在此提出一些小小的建议:

总的来说,要本着从易到难、循序渐进的方式来阅读使用本书。

对学龄前儿童和小学低年级学生来说,主要是看插图,听、读故事,记住成语,熟悉成语。

对小学中高年级学生来说,首先要学会正确书写成语,然后去读成语的释义,了解其含义,再读故事。读完故事后,接着阅读"成语个性",扩展知识面。

要想熟练掌握成语,需要在了解成语释义、阅读故事及相关知识点之后,再通过后面的例句学习成语的用法,最好试着自己用这个成语造一个句。接下来了解相关的近义、反义成语,如果用近义成语替代句子中的这个成语,有些是不是也合适,或者彼此有什么微妙的差异;如果用反义成语来替代,会产生什么样的效果,再试着用反义成语造个句。

对需要进一步提高语文水平的小学高年级学生及初高中学生来说,希望在读完上面这些内容后,再认真阅读成语出处的原文,看能不能读懂。如果读不太懂,可以在故事中找到与原文相对应的部分,对照阅读,这样可以较快地提高文言文阅读水平。

阅读成语故事、了解成语的基本内涵之后,最重要的是将成语灵活运用起来。在说话与写作过程中,可以根据想要表达的意思,从相应的分册附录中挑选合适的成语。经常使用,日积月累,熟能生巧,就能真正把成语"据为己有"。

希望我们的孩子通过阅读成语故事,学习和掌握较为丰富的成语,提高语言表达能力,说话时出口成章、妙语连珠,写文章笔底生花、挥洒自如;在阅读成语故事的同时,学习历史故事,掌握传统文化,汲取汉语精华,增长人生智慧。

通过读故事学成语,是非常适合广大中小学生的一种学习方法。能熟练自如地使用成语,必将受益终身。

目录

01/ 写人和描景

倾国倾城	10	立锥之地	40
沉鱼落雁	12	干云蔽日	42
目光如炬	14	柳暗花明	44
面如冠玉	16	雪窖冰天	46
珠玉在侧	18		
掷果潘安	20		
白面书生	22		
一笑千金	24		
环肥燕瘦	26		
脑满肠肥	28		
不修边幅	30		
一衣带水	32		
犬牙交错	34		
千里迢迢	36		
龙盘虎踞	38		

02／情绪和神态

乐不可支	48	恨之入骨	70	神色自若	92
乐此不疲	50	食肉寝皮	72	如释重负	94
乐不思蜀	52	无地自容	74	声色俱厉	96
不堪回首	54	呆若木鸡	76	扬扬自得	98
肝肠寸断	56	噬脐莫及	78	得意忘形	100
不寒而栗	58	芒刺在背	80	旁若无人	102
草木皆兵	60	如坐针毡	82	趾高气扬	104
谈虎色变	62	无所适从	84	盛气凌人	106
惊弓之鸟	64	做贼心虚	86	咄咄逼人	108
怒发冲冠	66	方寸大乱	88		
疾首蹙额	68	惊慌失措	90		

附录／分类成语　110

倾国倾城
qīng guó qīng chéng

汉·班固《汉书·外戚传》：「北方有佳人，绝世而独立。一顾倾人城，再顾倾人国。」

释 倾：倾覆。形容女子容貌极美。

近义 沉鱼落雁 国色天香

反义 尖嘴猴腮 其貌不扬

中国古代有四位被扣上"红颜祸国"罪名的美人，分别是商纣王的宠妃妲（dá）己，周幽王的宠妃褒姒（sì），汉成帝的宠妃赵飞燕，唐玄宗的宠妃杨贵妃。其中最著名的就是周幽王为了博得褒姒一笑，烽火戏诸侯，最后失信

于各诸侯王，使国家倾覆的故事。

汉武帝时期，有位音乐家叫李延年，他的妹妹拥有沉鱼落雁的美貌，而且温柔贤惠、能歌善舞，实在是位佳人。李延年觉得普通的词语已经不足以形容妹妹的美貌了，所以化用了当年周幽王为了褒姒而误国的故事，为妹妹写了一首《佳人歌》："北方有佳人，绝世而独立。一顾倾人城，再顾倾人国。宁不知倾城与倾国？佳人难再得！"意思是：北方有一位美丽的女子，超凡脱俗。她一回头，守城的士兵都为了她而放下兵器，于是城池失守；她再一回头，整个国家都要为她倾覆了。大家怎么不知道这样会使得国破家亡？但即使这样，也不能失去获得佳人的机会，因为这位美丽的姑娘世间难遇，不可再得！

这首诗一写出来，就广为流传，后来传到了汉武帝那里。汉武帝读了这首诗后，心中惊叹道："这世上真有这么美丽的姑娘吗？"不禁对李延年的妹妹心生爱慕，很想见一见她。后来，李延年的妹妹入了宫，汉武帝一看，果然是个足以"倾国倾城"的绝色美人，于是娶了她，封她为"李夫人"，从此与她十分恩爱。

例句

- 相貌其实平常，然而顾影弄姿，自以为倾国倾城。（茅盾《清明前后》）
- 这位女明星虽然已经年华老去，但年轻时也曾是个倾国倾城的美人。

成语个性

"倾国倾城"本用来讽刺昏君沉迷女色，害得城池被攻破，国家彻底覆亡，含贬义。但现在只用来形容女子貌美，为褒义。

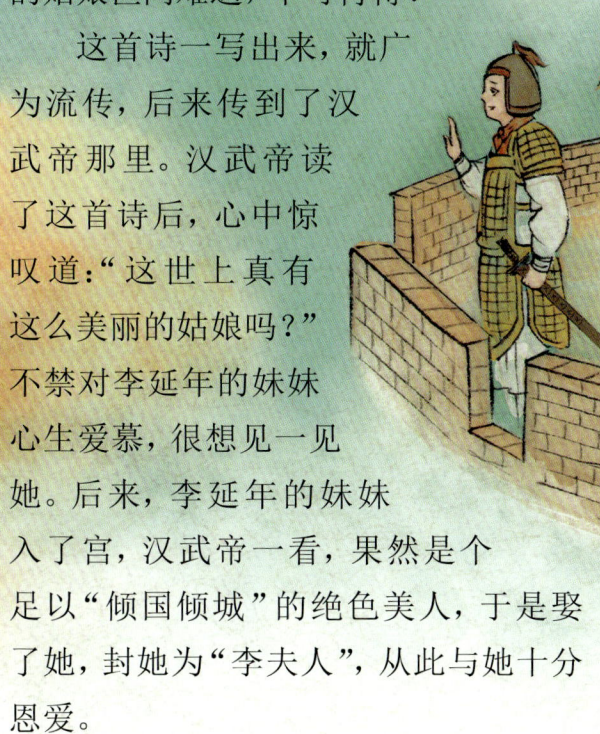

写人和描景 / 容貌·倾国倾城

11

沉(chén)鱼(yú)落(luò)雁(yàn)

战国·庄周《庄子·齐物论》："毛嫱(qiáng)、丽姬,人之所美也;鱼见之深入,鸟见之高飞,麋鹿见之决骤,四者孰知天下之正色哉?"

释 鱼看见了都忘记游泳而沉入水底,大雁看见了都忘记扇动翅膀而降落在沙洲上。形容女子的容貌十分美丽。

近义 倾国倾城 闭月羞花 国色天香　　**反义** 尖嘴猴腮 獐头鼠目 其貌不扬

中国古代有四大美人,她们分别是西施、王昭(zhāo)君、貂(diāo)蝉和杨贵妃。沉鱼落雁分别讲的是西施和王昭君的故事。

西施是春秋末期的女子,平时靠帮别人洗衣服维持生计。

相传有一天,她到河边洗衣服时,河中游来一群小鱼,它们看到西施:白皙的皮肤透着健康的红润,弯弯的蛾眉下有一双炯炯有神的大眼睛,就像从天宫下凡的仙子。

西施也看到了河中可爱的小鱼,并朝它们微微一笑,鱼儿们全都被她迷住了,就这样一直呆呆地望着她,竟然都忘记了继续向前游,渐渐地沉到河底。

路过的人看到了,都惊叹道:"看!连小鱼都被西施的美貌迷住了!"

从此,西施"沉鱼"的故事便流传开来。

写人和描景 / 容貌·沉鱼落雁

王昭君是西汉时期的女子,被选入宫中成为宫女。

那时,北方有一支部族叫匈奴族。匈奴人勇猛剽悍,十分好战,经常侵略西汉北方的边境,让生活在边境地区的汉朝百姓不得安宁。汉人没有匈奴人那么强壮,总是战败。为了向匈奴人求和,汉朝送了许多貌美的女子给匈奴人,与他们联姻。王昭君就是被选中的女子之一。

在前往匈奴领地的路上,王昭君坐在马上,想到自己将永远离开家乡和亲人,十分伤心。那时正是秋天,大雁南飞过冬,王昭君听见大雁的哀鸣,更加悲痛欲绝。于是她拿出琴,坐在马背上拨动琴弦,奏起离别之歌来表达心中的悲伤。

天上的大雁听见琴声,不禁朝下看,它们看到是一个无比美丽又哀愁的女子在弹奏着动听的琴曲,于是都看呆了,纷纷忘记扇动翅膀,就从空中掉了下来。

侍女们见了,都惊叹道:"看!连大雁都因昭君的美貌而落下来了!"

从此,王昭君便得来"落雁"的美称。

🍂 例句

🍃 她二人长得一个是沉鱼落雁之容,一个是闭月羞花之貌。(清·李宝嘉《官场现形记》)

🍃 她有沉鱼落雁、闭月羞花的美貌,让人惊叹。

成语个性

此成语只用于形容女性的容貌,常和"闭月羞花"连用。"闭月"指貂蝉的美貌让月亮都羞愧得躲在云后面;"羞花"指杨贵妃的颜容使花儿都害羞地低下头。

目 guāng 光 rú 如 jù 炬

唐·李延寿《南史·檀道济传》：「道济见收，愤怒气盛，目光如炬，俄尔间引饮一斛(hú)。」

释 目光发亮得像火炬。形容愤怒地注视着，也形容眼睛明亮有神或见识远大。

近义 炯炯有神
反义 目光如豆

南朝宋有一名大将叫檀(tán)道济，能征善战，是南北朝时期的名将。檀道济是个孤儿，自小家境贫穷，于是就跟着哥哥参军，靠着自己的努力，一步一步成长为大将军，因此很受人敬佩。

公元416年，后来的宋武帝、当时的东晋大将刘裕北伐，檀道济为前锋，一路所向无敌。当时许多人认为，抓到的敌军俘虏应该全部杀掉，以显耀军功。檀道济却说："我们要讨伐罪人，但也要安抚民心，现在正是这样的机会。"于是把所有的战俘都放了。俘虏们感念他的救命之恩，都愿意真心归附于他。因此，檀道济的威望更高了。

檀道济对国家忠心耿耿，他的儿子们也个个擅长用兵，威震沙场。所以北方的强敌魏军一直害怕檀家父子兵，不敢轻举妄动。但是，也正因如此，一些奸臣便嫉妒檀道济，他们经常暗地里对宋文帝说："您要小心檀道济呀，他手握重兵，我们怎么能断定他不是像司马懿那样弑君篡位的人呢？"渐渐地，宋文帝开始不信任檀道济了。

公元436年，文帝的身体越来越差，经常卧床不起。彭城王刘义康早就想谋朝篡位，但又害怕如果文帝去世，檀道济就没人能够控制从而造反。因此，刘义康打算先下手为强。他趁着文帝疾病又一次发作的时机，伪造诏书召檀道济入宫。檀道济不知道这是陷阱，马上赶来京城，就被刘义康抓住了。

檀道济被捕后十分愤怒，眼里像有两团燃烧的火焰，他扯下头巾狠狠地摔到地上，瞪着刘义康吼道："你们这是在毁掉自己的万里长城！没了我，还有谁能守住国门？"但刘义康只管自己的利益，根本不顾国家安危，还是把檀道济杀了。他担心遭到檀家人的报复，就斩草除根，设下陷阱把檀道济的儿子、将领们全都杀害了。

魏国人得知这个消息后，都高兴地欢呼道："檀道济死了，我们再也不用害怕了！"此后便连年南下进攻。这一年，魏军打到了都城的长江对岸，宋文帝登上城墙观望，满脸愁容，哀叹道："如果檀道济还在，哪里会到如此地步呀！"只可惜天下没有后悔药吃。

例句

- 中间坐着一位神道，面阔尺余，须髯满颊，目光如炬。（明·凌濛初《二刻拍案惊奇》）
- 画像上的托尔斯泰目光如炬，那双眼睛像能看穿一切。

成语个性

此成语有三种用法，或形容人愤怒的目光，或形容人的眼睛有神，或形容人有见识、看得远，辨析时要注意语境。成语"自毁长城"也是出自这个故事，用来比喻人们自己削弱自己的力量。

面如冠玉
miàn rú guān yù

汉·司马迁《史记·陈丞相世家》："平虽美丈夫，如冠玉耳，其中未必有也。"

释：冠：帽子。容貌像帽子上的美玉一样。原本形容男子除了样貌好看外一无是处，后来专指男子相貌俊美。

近义：玉树临风　一表人才　相貌堂堂　　**反义**：獐头鼠目　歪瓜裂枣　贼眉鼠眼

秦末汉初，阳武县户牖（yǒu）乡（在现在的河南省原阳县）有一个人叫陈平，他身材魁梧高大，长得清秀英俊，相貌堂堂，是当地有名的美男子。只可惜他家境贫寒，没人肯把女儿嫁给他。

当地有一个叫张负的富人，他的孙女先后嫁了五次，每次出嫁不久丈夫就死了，因此当地人认为他的孙女很不吉利，没人敢娶。张负实在没办法，他见陈平仪表不凡，也顾不上他的贫穷了，就想把孙女嫁给他。陈平也因为一直娶不上妻，又无计可施，便答应了。

陈平娶了张家女后，大家都笑话张负："陈平除了长得英俊之外一无是处，家里又这么穷，你为什么偏把孙女嫁给这么没用的人呢？"张负反驳道："我看陈平仪表堂堂，虽然现在没有表现出来，但以后肯定会有所成就。"

那时正值秦王朝的统治摇摇欲坠，各地军阀混战，天下大乱。陈平也想有一番作为，就先后投靠了魏咎和西楚霸王项羽，却都因得不到信任而被迫离开。

最后，陈平投靠了汉王刘邦。刘邦见他一表人才，十分欣赏他，和他交谈过后，更觉得他才貌双全，立刻重用了他，让他当都尉。

这样一来汉军的老将领就不干了，他们觉得陈平又没有立下军功，凭什么一来就当上都尉，地位在他们之上？于是周勃、灌婴等人就对刘邦说："陈平只不过空有一副好皮囊，就像帽子上的玉一样，虽然好看，却没什么用！"刘邦却认为陈平不只是美玉，而且是块金子，迟早会发光的，所以依然重用他。

后来，陈平果然没有辜负刘邦的信任和期望，先后六次用奇计使刘邦转危为安，帮助汉军打了大胜仗。

最后，刘邦平定了天下，陈平也被封为丞相。这下，陈平家乡的人都后悔当初低看了陈平。

成语个性

此成语古代作贬义用，现在用作褒义，只用于形容男子的美貌，不能用来形容女子。关于本故事中的主人公陈平，《史记》中还记载了他年轻时的一个故事：他年轻时虽然家境贫穷，但心怀大志，为人公正。乡里祭祀完土地神后，要把供品中的祭肉分给大家。陈平负责割肉，他把祭肉分配得很均匀，每份的重量都差不多，因此受到乡亲们的赞赏。陈平却说："如果有一天能让我来治理天下，我也会像分肉一样公正！"

例句

🍂 玄德见孔明身长八尺，面如冠玉，头戴纶（guān）巾，身披鹤氅（chǎng），飘飘然有神仙之概。（明·罗贯中《三国演义》）

🍂 看到爸爸年轻时的照片，发现他当年也是一位面如冠玉的美男子。

01 写人和描景 / 容貌·面如冠玉

珠玉在侧

南朝宋·刘义庆《世说新语·容止》："骠骑（piào qí）王武子是卫玠之舅，俊爽有风姿。见玠，辄叹曰：'珠玉在侧，觉我形秽！'"

释 比喻仪态俊秀、才德出众的人在身旁，自惭形秽。也指别人诗文出色，自愧不如。

近义 出类拔萃 鹤立鸡群

反义 相形见绌 稍逊一筹

中国古代有四大美男，分别是潘安、兰陵王、宋玉、卫玠（jiè）。

卫玠是晋朝第一美男，从小就长得眉清目秀，讨人喜欢。每次他出现，大人们总会过来宠溺地抱他、逗他玩。后来他长大了一些，坐着羊车到街市去玩的时候，路人都会被他的容貌吸引，盯着他看，惊叹道："看哪！这世间竟有如此俊俏的少年！就像玉做的一样，光彩夺目！"

卫玠并没有因为自己有美好的容貌而扬扬得意，相反，他谦虚恭谨，读书也十分用功，整日在房间里攻读玄理学。因为卫玠天生体弱多病，母亲让他安静休养，不要总是走动，也不要多说话，所以他的性格十分沉静寡言。

由于饱读诗书，所以卫玠每次和别人谈论时，总是不鸣则已，一鸣惊人，说的话条理清晰、道理深刻，令在场的所有人都深深折服。

渐渐地，卫玠的名声越来越大，大家都称赞他"不仅生得俊，而且有才华，为人

低调稳重、知书达理，真可谓德才貌三重兼备"。

卫玠的舅舅王济也是一名美男子。他相貌堂堂、高大魁梧，擅长骑射，熟读儒家经典名著，并擅长写诗，在当时也是声名远扬。

可是，王济看到自己的外甥，却自愧不如。他经常对别人说："我这个外甥呀，真是世间少有的奇人！他站在我身旁，就像一颗明亮的宝珠在我旁边闪闪发光，相比之下，真让我感到惭愧啊！"

例句

- 今观先生《晨起》《夜坐》二诗，若庾信所谓珠玉在侧，觉我形秽。（元·李士瞻《贡泰甫诗跋》）
- 他认为自己已经很优秀了，但看到比他更优秀的同桌后，便感叹珠玉在侧，自己完全比不上。

成语个性

也写作"珠玉在前"。此成语常连用成"珠玉在侧，觉我形秽"，用自己来衬托别人的才华和仪表。故事中的主人公卫玠寿命不长，二十七岁就去世了。当时的人们戏称他是被众多欣赏和爱慕他美貌的人看死的，并由此衍生出"看杀卫玠"这个成语。

掷果潘安

南朝宋·刘义庆《世说新语·容止》："潘岳妙有姿容，好神情。少时挟弹出洛阳道，妇人遇者，莫不连手共萦之。"南朝梁·刘孝标注引《语林》："安仁至美，每行，老妪以果掷之满车。"

释 女子们都向潘安扔果子来表达爱慕之情。后用来比喻美男子。

近义 傅粉何郎　　反义 面目可憎

西晋有位美男子叫潘安，是中国古代著名的四大美男之一。他生得高大魁梧、玉树临风，面型棱角分明，眉宇间英气逼人，炯炯有神的双眼似有灵光，任何人看到他的相貌都会称赞一番。同时，他还是一位才子，饱读诗书，满腹经纶，擅长写作，在当时和另一位叫陆机的才子并称为"潘江陆海"，意思是潘安的才华如江水一样多，陆机的才华像大海一样多。

由于潘安长得实在太过英俊，每次他驾车到街市上去时，路人们都会停下脚步欣赏他的容貌，女人们更是看得移不开眼，想方设法接近他。

为了表达对潘安的爱慕，不论是妙龄女子，还是年老妇女，都把手中刚在街市上买的新鲜蔬菜、水果扔到潘安的车上，高喊着："帅气的潘公子，快收下我的一点儿心意吧！"如此一来，潘安每次上街回来都能收获满满一车的瓜果蔬菜。

潘安有个好朋友叫左思，长得十分丑陋。他见潘安每次出门都能得来一车礼物，十分羡慕，于是也学着潘安的样子，驾着车子到街上去。他故意把车驶得很慢，并对路边的女子说："姑娘们，可有什么礼物给我吗？都扔到我的车上来吧！"

姑娘们见这个相貌丑陋的人居然不知羞耻地朝她们索要礼物，觉得十分好笑，便戏弄他说："有的，我这儿有许多烂菜，送给你吧！"于是大家哈哈大笑，纷纷朝他扔烂菜，甚至还有人冲他吐口水。

左思垂头丧气地回到家，气愤地说："凭什么潘安就能得到一车新鲜水果，我只能得到烂菜瓜皮？"他的朋友说道："如果你有潘安那样英俊的容貌，还有他那样如江海般的才华，你也能得到一车新鲜水果。"

左思听后感到十分羞愧，再也不去做那样丢脸的事了。

🌰 例句

🟡 掷果潘郎谁不慕，朱门别见红妆露。（唐·司空图《冯燕歌》）

🟡 这位偶像歌星深受欢迎，他一出场，歌迷们都争相送他礼物，可谓掷果潘安。

成语个性

潘安本名潘岳，字安仁，也被称为潘安。与他相关的成语还有"潘杨之睦""潘鬓成霜""望尘而拜"。此成语也可以写作"掷果盈车""掷果潘郎""潘郎车满"。潘安的朋友左思其实也是一个大才子，成语"洛阳纸贵"就来自于他的故事。

白面书生
bái miàn shū shēng

南朝梁·沈约《宋书·沈庆之传》:"陛下今欲伐国,而与白面书生辈谋之,事何由济?"

释 白面:皮肤白净。书生:读书人。指年轻缺乏经验、见识少的读书人,也用来泛指面孔白净的读书人。

近义 文弱书生 **反义** 彪形大汉

南北朝时期,南朝刘宋有个人叫沈庆之,十多岁时就跟着乡人一起反击起事作乱的贼寇,立下军功后却选择回家种地,直到四十岁时得到赵伦之将军的赏识,当了个小军官。沈庆之擅长用兵,战无不胜,总能指挥军队将敌人打得落花流水,因此被宋武帝拜为将军。

由于经常在沙场前线过着苦寒的生活,沈庆之渐渐患了头风病,需要长年带着狐皮帽子。作乱的蛮人十分憎恨这个强大的对手,便给他起了个外号叫"苍头公"。每次遇到沈庆之的军队,他们都会惊恐地叫道:"苍头公又来了!"因此宋国的将士们都很佩服沈庆之的军事才能,常跟他开玩笑说:"将军只用一顶狐皮帽子便能吓退蛮人。"

后来，宋文帝想要北伐，沈庆之凭借多年的征战经验，断定现在并非北伐的好时机，于是他极力劝谏宋文帝暂缓北伐的计划。文帝野心勃勃，急功近利，却又说不过沈庆之，就让徐湛之、江湛和沈庆之辩论。

这两人虽是朝中大臣，但并非武将，对军事也不熟悉。沈庆之觉得宋文帝叫这两个书呆子来和他堂堂武将辩论军事形势，真是可笑。

他对文帝说："治国就像治家，耕田的事得问农民，织布的事得问织妇。您现在要讨伐一个国家，不和征战沙场的将军们议论，却和一群没有作战经验的白面书生商量，这仗怎么可能打赢呢？"宋文帝看到这位老将军批评自己时激动得面红耳赤的样子，十分好笑，因此并没有生气，反而哈哈大笑起来。

最后，宋文帝还是一意孤行，带兵北伐，最终失败了。魏太武帝趁机反攻，大举南侵，这场战争以宋魏两败俱伤而告终。

写人和描景 / 容貌·白面书生

例句

- 排头是长江：细高个儿，白脸儿，尖下颏儿，头顶有点尖，弯眉细眼，就像个白面书生。（刘流《烈火金钢》）
- 真没想到，他这样一个文质彬彬的白面书生干起农活来也是一把好手。

成语个性

南宋词人辛弃疾写的《永遇乐·京口北固亭怀古》中的"元嘉草草，封狼居胥，赢得仓皇北顾"，说的正是这段宋魏两国交战的历史。

一笑千金 yī xiào qiān jīn

唐·欧阳询《艺文类聚》引汉·崔骃(yīn)《七依》:"回顾百万,一笑千金。"

释 一笑价值千金。形容美人一笑很难得。

近义 不苟言笑　　**反义** 笑容可掬

西周时期,通讯十分落后,人们只能靠写信来联系。但是如果国家遇到危险,想求助诸侯国来救援,靠骑马去送信根本来不及,怎么办呢?聪明的古人想到了一个办法,就是在边境每隔十里建一座巨大的烽火台,遇到紧急情况时就点燃烽火,白天黑烟腾腾,夜晚火光冲天,相隔十里都能看见。当后一个烽火台的士兵看到前方燃起烽火,就会马上点燃自己所在烽火台的烽火堆,就这样一个传一个,不一会儿就能传到诸侯国的边境。诸侯们看到信号便会迅速出兵。因此,烽火台是非常重要的军事设施,不到紧急关头,决不能轻易使用。

公元前779年,西周攻打褒国,褒国无力反抗,只好投降,并献出一位名叫褒姒的美人来讨好周幽王。褒姒十分貌美,深得周幽王喜爱。但是褒姒天生冷漠内向,并且不爱笑,不论别人怎样逗她,她都不笑。

周幽王想:"这么美丽的女子,笑起来肯定更美!看不到多可惜呀!"

于是,他发出悬赏告示:"谁有办法能让褒姒笑一笑,就可以得到千金奖励!"一时间,无数人前来尝试,有的人讲笑话,有的人耍杂技,有的人表演歌舞。总之,大家使出浑身解数,褒姒却始终如冰山一般,没有任何笑容。

这时,有个贪婪奸诈的大臣叫虢(guó)石父的,他对周幽王说:"大王,我有个办法!"

周幽王听后觉得不错,就按照虢石父的办法,带着褒姒来到烽火台,命人把烽火点上。

褒姒好奇地问:"大王,您这是要干什么?"

周幽王笑着说:"待会儿你就知道了。"

烽火台的烟一处接一处升起,像一根根立在天地间的柱子,褒姒越看越好奇。很快,诸侯国的大军就赶来了。但是,他们发现并无敌情,就疑惑地问周幽王是怎么回事。

周幽王哈哈大笑:"无事,你们可以回去了。"

诸侯王们发现被戏弄了,心里咒骂着周幽王的儿戏,怒气冲冲地回去了。

褒姒看见一大群人马浩浩荡荡,急匆匆地赶来,又气急败坏地回去,觉得十分滑稽有趣,终于笑了。

周幽王见褒姒笑了,十分高兴,于是兑现了承诺,赏给虢石父千两黄金。

后来,周幽王又用这个办法来逗褒姒笑,诸侯国军队赶来后发现又被戏弄,十分愤怒,决定再也不搭理这个昏君。

八年后,犬戎国带着大军攻打西周,西周节节败退,情况危急万分。周幽王赶紧命人点起烽火,向诸侯国请求支援。但是诸侯国以为又是周幽王为了讨美人欢心而戏弄自己,并没有理睬。周幽王左等右等都没等到援军,这才开始后悔自己当初的行为,但为时已晚。

最终,西周被犬戎国灭了。

例句

- 再顾倾城易,一笑千金买。(南朝梁·王僧孺《咏歌姬》)
- 这位女歌星平日里不苟言笑,人们都说她一笑千金。

成语个性

也可以写作"千金一笑"。"千金买笑"也是出自这个历史故事。但"一笑千金"和"千金一笑"主要用来形容美人珍贵的笑容,可含褒义;"千金买笑"主要用来指不惜代价获得美女一笑的荒诞行为,为贬义。

环肥燕瘦
huán féi yàn shòu

宋·苏轼《孙莘老求墨妙亭诗》:"杜陵评书贵瘦硬,此论未公吾不凭。短长肥瘦各有态,玉环飞燕谁敢憎。"

释 环肥:唐朝以杨贵妃的丰满微胖为美。燕瘦:汉朝以赵飞燕的纤瘦骨感为美。形容女子体态不同,各有各好看的地方。也用来比喻艺术作品风格不同而各有所长。

近义 各有千秋　　**反义** 千篇一律

西汉时期,有一位女子叫赵宜主,她生得娇媚美艳,身材苗条纤瘦,被选入宫中成为宫女,并学习歌舞。赵宜主在舞蹈方面很有天赋,据说她自创了"踽(jǔ)步"和"掌上舞",又因舞姿曼妙、身轻如燕,大家都叫她"赵飞燕"。

在一次宴会上,汉成帝命宫女们表演歌舞助兴。在众多宫女中,他一下就被眼波勾人、舞姿轻盈的赵飞燕吸引住了,当即把她纳为妃子,对她十分宠爱。

赵飞燕非常瘦,跳"掌上舞"时体态轻盈,翩然如置于手掌中的小仙子,使皇帝十分着迷,对她越来越喜爱,两年后就封她为皇后。民间女子争相效仿她,学跳"掌上舞",苗条纤细的身材也成为当时美人的标志。

到了唐朝,人们的审美观发生了改变。唐人以肥为美,他们认为太瘦的女子显得病态,而身材丰腴(yú)圆润的女子才有美感,象征着健康与富贵。

01 写人和描景 / 体态·环肥燕瘦

唐朝的杨玉环是中国古代四大美人之一。她皮肤白皙，樱桃小口，弯弯的蛾眉衬得她的大眼睛更加水灵动人。更重要的是，她身材微胖圆润而又匀称，是唐朝时期典型的美的代表。因此，唐玄宗十分喜欢她，封她为贵妃。

唐朝著名诗人白居易盛赞杨贵妃："回眸一笑百媚生，六宫粉黛无颜色。"意思是：杨贵妃只需回头微微一笑，整个后宫妃子任凭再浓妆艳抹也显得黯淡失色。

后来，人们从赵飞燕、杨贵妃这两位美人的故事中总结出成语"环肥燕瘦"，用来形容女子不管是丰腴还是纤瘦，都各有自己的一份美丽。

成语个性

也写作"燕瘦环肥"。这个成语除了形容女子虽有胖瘦，但各有其美，更多的时候是用来形容艺术作品风格不同，各有所长。另外，与中国古代"四大美人"相关的成语还有"沉鱼落雁""闭月羞花""东施效颦""西施捧心""梨花带雨"等。

例句

🍂 有的妆台倚镜，有的翠袖凭栏，说不尽燕瘦环肥。（清·李宝嘉《文明小史》）

🍂 这两幅书法作品，一幅刚劲有力，一幅娟秀清新，真是环肥燕瘦，各有千秋。

不修边幅
bù xiū biān fú

南朝宋·范晔《后汉书·马援传》："公孙不吐哺走迎国士,与图成败,反修饰边幅,如偶人形。此子何足久稽天下士乎？"

释 修：修饰。边幅：布的边缘，借指人的衣着、仪表。形容不讲究服饰、仪表。

近义 蓬头垢面 不衫不履 **反义** 衣冠楚楚 西装革履

写人和描景 / 仪表·不修边幅

东汉初期，有个人叫马援，他胸怀大志，年少时就立下宏愿，一定要做出一番大事业。

当时东汉刚刚建立，各地军阀割据，天下大乱。马援投奔了割据现在甘肃一带的隗嚣（wěi xiāo），很受隗嚣器重。当时，马援的一个老乡公孙述在蜀地称帝，于是隗嚣派马援去公孙述那里刺探情报。

马援和公孙述交情不错，本以为公孙述会像以往那样，把他当作老朋友来真诚招待。谁知公孙述却摆起了皇帝的架子，让他住进宾馆，同时为了显摆自己的财富，让人给他做了华美的衣服和冠帽，并让他和官员们一样，按照臣子的礼仪来朝见自己。在宴席中，公孙述高高在上地坐在首席，穿着奢贵华丽的龙袍，头戴镶满珠宝的皇冠，手上戴着玉石戒指，并有众多侍女在左右服侍着。

公孙述以一副帝王的架势对马援说："看在你我是老乡的分儿上，你若跟随我，我可以封你为侯爵和大将军。"随马援一同前去的宾客们见能受到封赏，都十分动心，马援却认为公孙述只是个鼠目寸光的人。

宴席结束后，马援对宾客们说："你们不要这么轻易被权势迷惑了双眼，现在天下大乱，谁真正能一统天下还没有定呢！作为割据一方的统治者，此时更应该谦逊恭谨、礼待贤士，共同商讨未来大计。公孙述却只顾着过皇帝瘾，注重服饰打扮，装扮得像个玩偶一样。这样自大狂妄的人怎么能留住人才？依我看，他是成不了大事的。"

于是，马援告辞回去了。隗嚣见马援回来，便询问情况如何。马援说："公孙述不过是个目光短浅、妄自尊大的井底之蛙而已。"

果然，十一年后，公孙述被建立东汉的光武帝刘秀打败，身死国亡。

例句

- 他又不修边幅，穿着一件稀烂的直裰（duō），靸（sǎ）着一双破不过的蒲鞋。（清·吴敬梓《儒林外史》）
- 他整天不修边幅，同学们都觉得他很不讲卫生，不愿和他做朋友。

成语个性

此成语是从"修饰边幅"引申过来的。"修饰边幅"指一个人注重仪表，"不修边幅"则是它的反义词。"不修边幅"可以用来形容一个人洒脱随性、不拘小节，含褒义；也可以用来形容一个人邋遢，穿着打扮不干净整洁，则是贬义。

一衣带水

yì yī dài shuǐ

唐·李延寿《南史·陈后主纪》:"隋文帝谓仆射高颎曰:'我为百姓父母,岂可限一衣带水不拯之乎?'"

释 像一条衣带那样宽的河流。原指水面狭窄,后比喻只有一水之隔,极其邻近。

近义 近在咫尺 一箭之遥 咫尺之遥

反义 天涯海角 山南海北 关山迢递

南北朝时期,战乱不停,华夏大地分裂成很多个国家。

北朝后周的大将杨坚在长江以北建立了隋朝,史称隋文帝。隋文帝立志要统一中国,在他的统治下,隋朝越来越强盛。

与之相对的是长江南边的陈朝,也就是南朝最后一个政权。每当陈朝派使者过来时,隋文帝都会以礼相待,送给大量金银财宝,制造出惧怕陈朝的假象。久而久之,陈朝国君陈叔宝越来越放松警惕。另外,他仗着有长江作为天险屏障，更是没把对岸的隋军放在眼里。

陈叔宝是个荒淫无度的昏君，整天胡作非为、纵情酒色，为了自己玩乐而修建奢华的宫殿，国库缺钱了就以各种名目增加百姓税收。他还设置严酷的刑罚，使得监狱里经常塞满了无辜的人，以致民不聊生。

隋文帝得知后，心痛地对他的大臣高颎（jiǒng）说："我立志要成为明君，像父母一样爱护天下子民。现在长江对岸的百姓正在受煎熬，难道我能因为这条像衣带子一样窄的江水的阻挡，就不去拯救他们吗？"

高颎回答道："南边的庄稼比我们这边熟得早，我们可以在他们的收获季节召集些兵马，宣称要去攻打他们，他们一定会丢下农耕来屯兵防守，等他们做好了准备我们却不出兵，这样就会耽误他们收割，使他们粮食匮乏。而且，这样反复几次，他们就会精疲力尽、放松警惕，不再布兵防守。到那个时候，我们先派人偷偷过去烧了他们的粮仓，再突然出兵，他们一定会被打得措手不及！"

隋文帝听从了高颎的建议，精心准备多年后，在陈朝粮食缺乏，军队也没有准备的情况下，突然命儿子杨广率领五十万大军南渡长江。而陈叔宝早已失了民心，士兵也无心应战，纷纷丢下武器逃跑。隋朝大军就这样轻松攻占了陈朝的首都建康（现在的江苏省南京市），俘虏了陈叔宝，灭了南朝，统一了全国。

例句

- 那市川虽然属于千叶县，但和东京仅一衣带水之隔。（郭沫若《革命春秋·跨着东海》）
- 与大陆一衣带水的宝岛台湾，是祖国不可分割的一部分。

成语个性

大部分四个字的成语是两个字两个字念的，但在这个成语中，"衣带"是一个词，不能拆开，所以不能念成"一衣／带水"，而要念成"一／衣带／水"。

犬牙交错
quǎn yá jiāo cuò

汉·司马迁《史记·孝文本纪》："高帝封王子弟，地犬牙相制。"

释 像狗的牙齿一样交叉错杂。形容交界处地形交叉错杂，也泛指形势错综复杂。

近义 纵横交错 参差不齐

反义 错落有致 整齐划一

汉高祖刘邦建国后，大封开国功臣，给了他们许多土地并封为王。渐渐地，有些王侯的势力越来越大，开始起了谋反之心。于是汉高祖派兵把这些乱臣们都消灭了。

这件事给了汉高祖一个警示："把土地分封给外人，说不定有朝一日他们会起了贪念，反过来谋害自己。不如把土地分封给自己的亲戚，亲人总比外人值得信任。"

于是刘邦把大量土地分封给同姓亲戚，这些人都是刘邦的至亲，对刘邦忠心耿耿，中央政权因此得到了巩固。但到了汉景帝时期，诸侯王与天子的血缘关系越来越疏远，有的甚至对皇位起了觊觎（jì yú）之心。

一个叫晁（cháo）错的大臣看到了即将到来的危险，就对汉景帝说："您要小心重蹈高祖时期的覆辙啊！在巨大的利益面前，就算是亲兄弟也可能会互相斗争，何况是血缘关系日渐疏远的诸侯王。趁现在他们的实力还没有达到可以推翻中央的地步，应当马上采取措施，减少他们的藩地，削弱他们的实力。"

01 写人和描景 / 地理·犬牙交错

汉景帝觉得很有道理，便下令"削藩"，谁知却激起了诸侯王的反抗。吴王刘濞（bì）带头，联合其他六个诸侯王一起造反，史称"七国之乱"。虽然这场叛乱最后被平定了，但给国家造成了重大损失。

等到汉武帝即位后，他害怕再出现诸侯王叛乱的祸患，于是决定继续推行晁错的"削藩"政策。

诸侯王们得知后暗暗叫苦，便对汉武帝说："骨肉亲情是最值得信任的，我们和您都是亲人，应当团结一致。当初先帝把土地分封给我们时，把封地安排得像犬牙一样参差不齐，相互交错，就是为了让我们的宗族像磐石一样坚固。希望您能明白其中的道理，不要冤枉了兄弟们啊！"

汉武帝听后便心软了，就暂停了削藩。但这个问题不彻底解决，皇权的稳固始终存在隐患。

有位大臣叫主父偃（yǎn），他对汉武帝说："您不如颁布一道法令，允许诸侯把各自的土地分封给他们的子孙。他们的子孙越来越多，但土地却是固定的，一直分割下去的话，诸侯的实力就会像一个大饼慢慢变成一堆碎屑。到了那时，他们就没有能力造反了。"

汉武帝听后非常赞同，便按照主父偃的建议颁布了"推恩令"，果然有效地解决了诸侯王势力过大的问题。

🍪 例句

- 而苗疆多与邻省犬牙交错，又必归并事权，始可一劳永逸。（赵尔巽《清史稿》）
- 远处的山峰犬牙交错，高耸入云，非常雄伟。

成语个性

这个成语最早是由"犬牙相制"变形而来。

千里迢迢
qiān lǐ tiáo tiáo

明·冯梦龙《古今小说·范巨卿鸡黍死生交》："辞亲别弟到山阳，千里迢迢客梦长。岂为友朋轻骨肉，只因信义迫中肠。"

释 迢迢：遥远的样子。形容路途遥远。

近义 关山迢递　不远万里

反义 朝发夕至　近在咫尺

传说东汉时期，汝南郡（现在的河南省汝南县）有一个秀才叫张元伯。他家境贫穷，三十五岁时去洛阳应试，希望能谋得一官半职。

这天，张元伯走了很远的路，到一家小旅馆投宿歇息。到了半夜，隔壁传来痛苦的叫喊声。张元伯很害怕，便叫来店小二，问是怎么回事。

店小二说："隔壁是一个得了传染病的人，病得很重，我们都不敢进去！"

张元伯听后便要过去救人，店小二阻止道："客人，您要小心哪！说不定会传染给您啊！"但张元伯说："对于一个有良心的人来说，哪有见死不救的道理？"

于是张元伯自己照料起那个病重的人，请大夫来给他看病，每天给他煎药，还帮他交了旅馆的饭钱。渐渐地，那人的病好了起来。

张元伯见他病愈，便问他叫什么名字，要去哪里。那人感激地说："我叫范巨卿，原本要去洛阳参加考试，没想到走到中途得了病。多谢您的救命之恩！"

张元伯一听，高兴地说自己也是要去应考的人。范巨卿便问张元伯现在是什么日子，两人这才发现已经过了考试的时间。张元伯因为照顾自己而错过了考试，范巨卿非常内疚，当即要和他结拜为兄弟。张元伯高兴地答应了。

过了几天，两人都要各自回家了，范巨卿便提出明年重阳节到张元伯家登门拜谢。

光阴似箭，转眼就到了第二年的重阳。这一天，张元伯早早起来，让母亲杀了鸡，煮了黍（shǔ）米，准备好饭菜等着招待范巨卿。但等了好久，一直不见范巨卿来。

到了半夜三更，张元伯才在夜色中隐隐约约看见一个人，正是范巨卿。

张元伯高兴地说："范兄，你果然是个守信的人！今天我们兄弟俩可以好好聚聚！快来吃饭吧！"

饭桌上，范巨卿迟迟不动筷子。过

了一会儿，他终于吞吞吐吐地说："老弟，其实我已经是鬼魂了。"张元伯大惊，问到底是怎么回事。

范巨卿说："去年和你分别后，我便回家经商，因为事务繁多，把我们的约定给忘了。今天早上问下人日期，才记起我们的约定，于是我快马加鞭往你这儿赶。但相隔千里，路途太过遥远，我怕来不及了，便自刎而死，这样我的魂魄才赶得及来见你。老弟，希望你能原谅我，去我的家乡看一看我的遗体。日后望老弟保重！"说完，范巨卿就消失在了夜色中。

张元伯感动至极，痛哭流涕，第二天一大早就起程赶往范巨卿的家乡山阳郡金乡县（现在的山东省金乡县），拜谒（yè）他的遗体。他感念有这样一位好兄弟，于是也拔剑自刎，随他而去。后人把他们二人葬在一起，并称他们的墓为"信义之墓"。

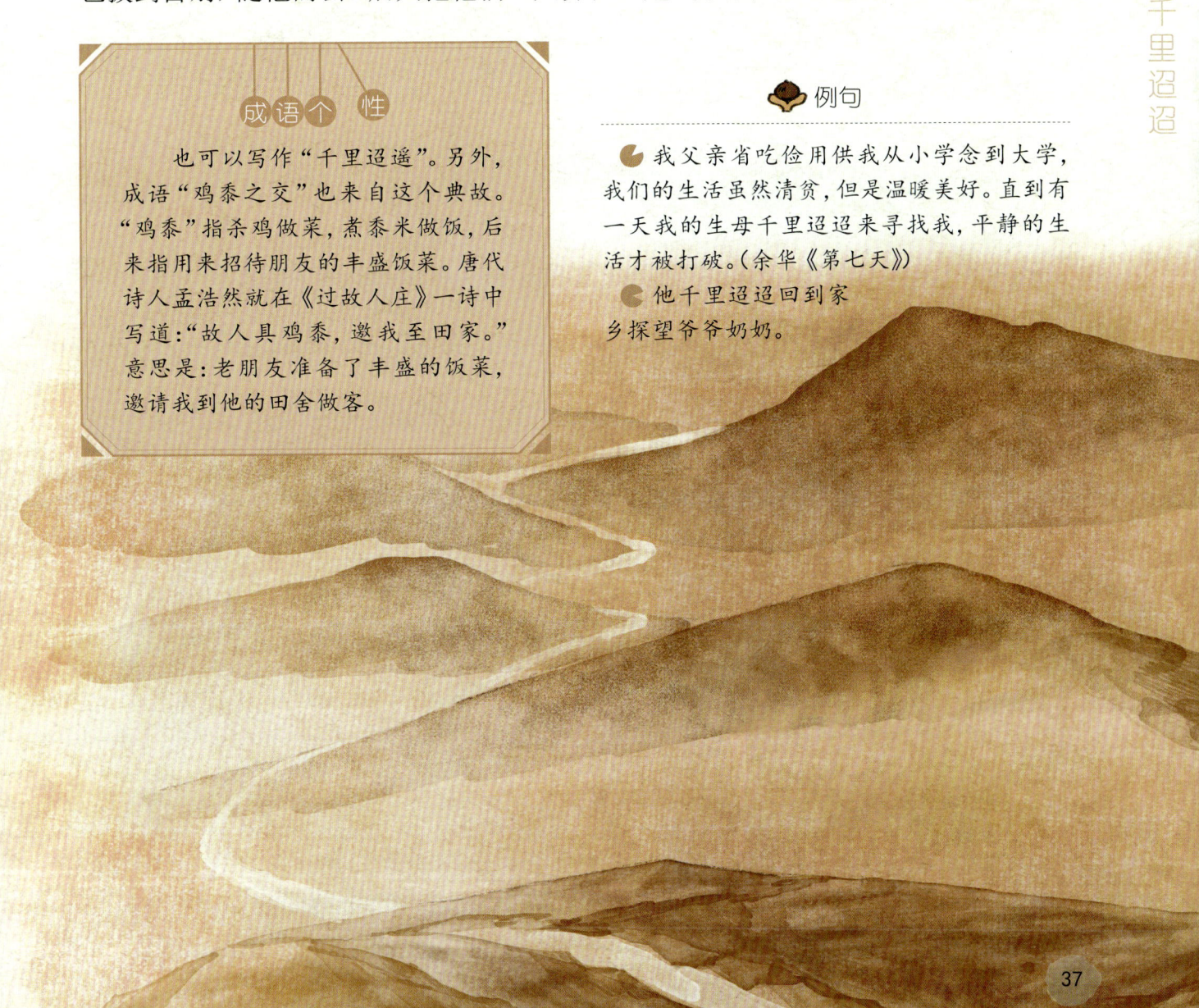

成语个性

也可以写作"千里迢遥"。另外，成语"鸡黍之交"也来自这个典故。"鸡黍"指杀鸡做菜，煮黍米做饭，后来指用来招待朋友的丰盛饭菜。唐代诗人孟浩然就在《过故人庄》一诗中写道："故人具鸡黍，邀我至田家。"意思是：老朋友准备了丰盛的饭菜，邀请我到他的田舍做客。

例句

🍡 我父亲省吃俭用供我从小学念到大学，我们的生活虽然清贫，但是温暖美好。直到有一天我的生母千里迢迢来寻找我，平静的生活才被打破。（余华《第七天》）

🍡 他千里迢迢回到家乡探望爷爷奶奶。

01 写人和描景 / 地理·千里迢迢

龙盘虎踞

lóng pán hǔ jù

汉·刘胜《文本赋》：「枝条摧折，既剥且刊，见其文章，或如龙盘虎踞，复似鸾集凤翔。」

释 盘：盘曲。踞：蹲或坐。像龙盘绕，像虎蹲踞。形容地势雄伟险要，或某地为英雄豪杰所占据。

近义 被山带河 崤函之固

反义 一马平川 坦荡如砥

东汉末年，天下大乱，群雄割据，北方的魏王曹操掌握了朝中实权，刘备控制了西南方蜀地一带，孙权占据了东南方的吴地。魏、蜀、吴三方互相抗衡，都想消灭对

方,一统天下。曹操大败北方的大军阀袁绍后,主要对手就只剩下孙权和刘备了。

刘备刚刚吃了败仗,元气大伤,怕敌不过曹操,便派诸葛亮到建业(现在的江苏省南京市)去和孙权商量联盟抗曹的事宜。

当时曹操也暗中送信给孙权,信中说道:"仲谋(孙权的字)啊,不如我俩联盟,共同消灭刘备,把荆州分了,然后这天下我们一人一半,和平相处,何乐而不为呢?"

孙权接到信后非常犹豫,他知道曹操其实是想骗他先灭了刘备,最后再反过来把自己也灭了。但他又害怕如果不答应,就会得罪曹操而立刻引来灭顶之灾。

这时,诸葛亮到了建业。

孙权便问诸葛亮:"卧龙先生(诸葛亮的号),对于现在天下的形势,您怎么看?"

诸葛亮知道孙权没有那么容易被说服与刘备联盟,便用起激将法:"现在曹操势力强大,您不如干脆向曹操投降。"

孙权一听很惊讶,便问道:"那为什么刘备不投降呢?"

诸葛亮笑着说:"我家主人是皇室之后,盖世英才,怎么会甘心屈居人下?"

孙权听到诸葛亮的讽刺后大怒,但这话也激起了他心中的帝王之志。诸葛亮趁势对孙权说:"看来将军您仍然是一个有雄心壮志的英雄!我看建业城地势险要,钟山像龙一样盘绕在东边,石头城像虎一样蹲踞在西边,真是帝王建都的好地方啊!如今您占据这天时地利,再与我蜀军联盟,如虎添翼,必能一展帝王雄风,实现您的大业!"

经过诸葛亮一番机智的劝说后,孙权终于被打动了,同意与刘备联盟,共同抗曹,魏蜀吴三分天下的局势就此确立。

例句

- 龙盘虎踞帝王州,帝子金陵访古丘。(唐·李白《永王东巡歌》)
- 这里自古以来龙盘虎踞,英雄辈出。

成语个性

也可以写作"龙蟠虎踞""虎踞龙蟠""虎踞龙盘""虎据龙蟠"。在古诗文中,这个成语常用来特指南京。本故事中提到了孙权和诸葛亮的字和号,这就是为什么古人总有很多名字的原因。古人除了和我们一样有姓和名之外,还有字、号。古人的名是刚出生时就取好的,等到成年后再取"字",很多人的名和字在意义上有一定的相关性。比如诸葛亮姓诸葛,名亮,字孔明,明和亮的意义相近。"号"则是自己取的,或是朋友给取的别名。

立锥之地
lì zhuī zhī dì

战国·荀况《荀子·非十二子》:"无置锥之地,而王公不能与之争名。"

释 插锥子尖的地方。形容极小的地方。

近义 立足之地 方寸之地 **反义** 无边无际 一马平川

秦朝末年,百姓们无法忍受统治者的暴政,纷纷起义。在当时的各种势力中,实力最强大的要数西楚霸王项羽和汉王刘邦。

公元前204年,刘邦被项羽围困在荥(xíng)阳城,他连忙召来大臣们商议削弱项羽势力的对策。

有一位游士叫郦食其(lì yì jī),他说:"当初商汤灭夏,没有赶尽杀绝,而是赏了夏朝后代封地;周武王灭商时同样如此。但秦王残暴无道,灭了六国后,连插锥子尖那么小的地方都没有留给他们的后代,导致天下百姓都背弃秦朝。如果现在您能够重新册立原来六国的后代,封他们为诸侯,让他们接受您的印信,他们一定会感激您的仁义与恩德,都来归顺于您。到时您便能超越项羽,一统天下了!"

刘邦听了这个建议后高兴地称好,并马上命人制作印信。

这时刘邦的谋臣张良从外面回来,刘邦一边吃饭,一边高兴地说:"刚刚有一位客人帮我想出了一个收买人心的好主意!"于是把郦食其的办法告诉了张良。

张良一听,惊得跳了起来:"这是什么人出的馊主意?如果您真的这么做的话,那您的大业恐怕就要完啦!"

刘邦不解,张良便说:"我有几个问题问您:您现在能打败项羽吗?能像周武王那样修筑圣人的墓碑、发放存粮和钱财赏赐百姓、销毁全国的战车、把战马放归山林,以此表明不再打仗的决心吗?"

刘邦仔细想了想,觉得自己办不到,只好回答说"不能"。

张良道:"所以说,您现在的实力还不足以分封诸侯。而且,如果恢复了六国，那些遗民全都回去侍奉自己原来的君主，还有谁为您效力呢？"

刘邦惊出了一身冷汗。

张良接着说："还有，现在是项羽的军队比我们强，如果六国成立后都投靠了项羽，那您的大业就彻底完了！"

刘邦听完马上吐出嘴里的食物，拍桌而起，饭也不吃了，赶紧下令销毁所有印信，这才避免了酿成灾祸。

两年后，刘邦打败项羽，统一全国，建立了汉朝，史称西汉。

写人和描景 / 地理·立锥之地

成语个性

本成语故事出自《史记·留侯世家》。此成语也写作"置锥之地""立锥之土"，多用于否定句中。"立锥之地"和"立足之地"都指容身或站脚的地方小，但"立锥之地"要比"立足之地"更狭小，处境更艰难。

例句

🍪 天地如此之大，难道竟连一个十八岁的女孩子的立锥之地都没有？（杨沫《青春之歌》）

🍪 这位著名作家的签售会现场人山人海，几乎不余立锥之地。

干云蔽日 gān yún bì rì

南朝宋·范晔《后汉书·丁鸿传》:"坏崖破岩之水,源自涓涓;干云蔽日之木,起于葱青。"

释 干:触及。蔽:遮挡。高及云霄,挡住太阳。形容树木或建筑物很高大。

近义 拔地倚天

写人和描景 / 景色 · 干云蔽日

东汉时期有一位大学者叫丁鸿，字孝公。他精通儒学，知识渊博，为人谦恭，深受大家的尊敬。

当时汉章帝在白虎观举办了一次关于儒家经典的学术大会，丁鸿因其极高的才学和精辟的论述，引得大家纷纷赞赏，称他为"殿中无双丁孝公"。

到了汉和帝时，窦太后垂帘听政。大权在握，她的亲戚们便开始滥用手中的权力为自己谋利。尤其是窦太后的兄弟窦宪，仗着与窦太后的关系以及自己的大将军职位，在朝中为所欲为。

外戚专政、结党营私在封建统治中是极大的忌讳，但无奈当时汉和帝根基不稳，不敢和窦太后对抗，只能睁只眼闭只眼。朝中大臣们多次向汉和帝劝谏，要阻止窦太后的权力继续扩大，却没有效果。这些事情丁鸿都看在眼里。

某一天，天空发生了日食。当时的科技不发达，人们对日食并不了解，只认为庇佑大地的太阳突然缺了一块，必定预示着将有坏事发生。

丁鸿借这个机会写了一封信给汉和帝。他在信中说道："太阳象征着君王，现在发生了日食，正是上天给您的警示，告诉您要防止大祸降临。那毁坏崖岸、冲破岩石的大水洪流，最早的源头只是涓涓细流；那直冲云霄、遮住太阳的参天大树最初也只是一棵小树苗。祸患的发生同样是这个道理，要防止它扩大到不能控制的地步，应该在刚开始就及时扼制住。臣认为，趁现在窦家还没有完全把控朝政，应该马上加以控制，同时进行改革，这样才能顺应天意，消除灾祸！"

汉和帝看了信后觉得很有道理，终于下定决心，解除了窦宪的大将军职务，铲除了那些以权谋私的奸臣，同时改革朝政，使国家越来越强大。

由此，丁鸿更加受人尊重，他去世后受到了高规格的厚葬。

🌰 例句

🐾 旧日大明、兴庆两宫，楼观百数，皆雕楹画栱，干云蔽日，今官家纳凉无可御者。（宋·薛居正《旧五代史·唐书·郭崇韬传》）

🐾 公园里干云蔽日的千年古松下有一片巨大的树荫，游人们纷纷在底下乘凉。

成语个性

此成语有许多变形，如"隐天蔽日""遮天蔽日"等。本故事中说到的"外戚"指的是太后、皇后的亲戚。

柳暗花明
liǔ àn huā míng

宋·陆游《游山西村》:"山重水复疑无路,柳暗花明又一村。"

释 垂柳浓密成荫,鲜花明艳夺目。形容春天的美丽景象。比喻经历一番曲折后,出现新的局面,引申为在困难中遇到转机。

近义 否极泰来 峰回路转 时来运转   **反义** 山穷水尽 走投无路 穷途末路

南宋时期,北方边境总是受到金国的侵袭,宋军节节败退,国家负担也越来越沉重。当时朝廷分为两个阵营,一派主张投降乞和,另一派主张誓死抵抗。

陆游是当时著名的爱国诗人,他的诗大多抒发了爱国的情怀以及抗击敌人的斗志。宋孝宗读了他的诗后对他十分赏识,便让他入朝做官。

陆游十分高兴,以为自己终于可以实现报国为民的远大抱负,便频繁上书,建议整顿吏治和军纪,与金国决战到底。当时朝中的投降派看不惯陆游的做法,总是排挤他。

到了宋光宗时期,"主降派"们为了彻底除掉陆游,便诬谄陆游整天只顾赏花作诗,玩忽职守。宋光宗听信谗言后十分生气,就免了陆游的官,让他回老家去。

陆游虽然很气愤,却又无可奈何,只能整日沉醉于山水之中。

有一天,陆游又到山林中游玩,走了一段时间后发现前面好像到尽头了。他试探着继续向前走,没想到拐了个弯后来到了另一座山。他走着走着,见前面似乎又没路了,但隐约传来潺潺的流水声。陆游顺着声源摸索着过去,见不远处有一

写人和描景

季节·柳暗花明

条清澈的小河。他沿着小河走到源头，看到两岸杨柳夹堤，鲜花盛开，景色美不胜收。在这片树林的尽头，还有一个村子，叫山西村。

山西村的村民们知道他是大诗人陆游后，对他十分尊敬，并热情地招待他。陆游心中的愁云因为村民们的慷慨豪爽和这美丽的风光都消散了。

回到家后，他诗兴大发，提笔写下了著名的《游山西村》，其中有两句写道："山重水复疑无路，柳暗花明又一村。"意思是：走过了一座座山、一条条河，正怀疑前面没有路了，突然豁然开朗，穿过一片美丽的树林后又是一个新的小山村。

这两句诗比喻在困境中重新看到光明与希望，成为千古名句，流传至今。

例句

- 父女二人又行了三四十里，一路柳暗花明，水绿山妍。（清·俞万春《荡寇志》）
- 遇到困难不要轻言放弃，只要坚持不懈，总会有柳暗花明的时候。

成语个性

在陆游之前，唐代的诗人已经在诗句中用到过"柳暗花明"，比如唐代诗人武元衡的"柳暗花明池上山，高楼歌酒换离颜"，王维的"柳暗百花明，春深五凤城"，但以陆游的"山重水复疑无路，柳暗花明又一村"最为出名。因为在前两人的诗中，柳暗花明只是单纯的景色描写，而在陆游的诗中，多了一层"经历曲折，又见新景"的含义，本成语的引申义正是从这句诗而来。

乐不可支
lè bù kě zhī

南朝宋·范晔《后汉书·张堪传》:"桑无附枝,麦穗两歧;张君为政,乐不可支。"

释 支:支撑。快乐得支撑不住了。形容极为快乐。

近义 兴高采烈 喜出望外 喜不自胜

反义 肝肠寸断 痛不欲生 悲痛欲绝

02 情绪和神态 / 高兴·乐不可支

东汉的时候，有一个叫张堪的人，他自幼丧父，从小刻苦求学，品行高洁、志向远大。大家都很钦佩这个年轻人，认为他是一个贤能的人。

皇帝听说了张堪的事迹，非常赞赏他的为人，就给了他一个小官做。当时，有人起兵造反，大将军与他们作战，马上就要弹尽粮绝，不得不考虑撤兵。张堪奉命带着一大批粮草和战马，前来帮助大将军。他说："大将军，此时不要退兵，请等一等，我有一条妙计，只要我们能引诱敌军的主帅亲自率兵出战，就一定能够打败他们。"大将军采纳了他的计策，果然成功击败了敌军。

不久，匈奴又来侵犯北方的国土，张堪亲自率领数千名骑兵前去讨伐，结果大获全胜，匈奴不敢再来入侵，边塞从此安定无事。皇帝非常高兴，就让他担任了边境地区的地方官。

张堪上任之后，为老百姓做了许多好事。他号召当地的人民开垦农田，人们在这些土地上辛勤耕作，生活很快就富裕了起来。因此，在当地流传着一首民歌："一棵一棵的桑树啊，没有杂乱的枝条；一根一根的小麦啊，都长有两个穗子。贤明的张堪大人在这里施行仁政，百姓全都高兴得到了极点，喜悦的心情简直无法抑制！"

有一次，皇帝把各地的大臣们召集起来，向他们询问风土人情，了解地方官员的品德和才能。有一位大臣说："张堪大人爱护百姓、廉洁奉公，百姓无不称赞他的品德。他当官的地方都很富裕，官府仓库里的金银财宝堆积得像山一样，可是张堪平时坐的车子破破烂烂的，身上穿的衣服也很破旧。可见他是多么大公无私的人啊！"

皇帝听说了这些事情感慨万分，想要再次提拔张堪的官职。但不幸的是，张堪这时却病逝了。皇帝十分难过，特意颁布诏书嘉奖了他的功绩。

例句

小久保看到这种场面，顿时乐不可支，放声哈哈大笑。（魏巍《火凤凰》）

你们看张老师乐不可支的样子，他一定是遇到了什么喜事。

成语个性

"乐不可支"这个成语来源于百姓歌颂张堪政绩的一首民间歌谣："桑无附枝，麦穗两歧；张君为政，乐不可支。"歌谣中，百姓用桑树和麦穗来表达对张堪的赞扬和崇敬之情。桑树的"无附枝"说明经常修剪枝条，麦穗的"两歧"则是硕果累累、长势喜人的景象，这些都代表了张堪主政下人民的劳动果实。看到这些，百姓自然就会怀念起这位造福一方的清官、好官。

乐此不疲
lè cǐ bù pí

南朝宋·范晔《后汉书·光武帝纪下》:"我自乐此,不为疲也。"

释 因喜欢干某事而不觉得疲倦。形容对某事特别爱好而沉浸其中。

近义 乐在其中 废寝忘食 流连忘返 **反义** 心猿意马 心不在焉 三心二意

西汉末年,王莽专权,天灾人祸逼得人们走投无路,不久便爆发了著名的绿林、赤眉大起义。后来的东汉光武帝刘秀也在这个时候统兵造反,带领人马加入了农民起义军的队伍。

很快,刘秀就在起义军中崭露头角,在摧毁王莽主力的昆阳之战中立下了大功。公元 25 年,刘秀正式称帝,依然使用"汉"的国号,定都洛阳,史称东汉,刘秀就是光武皇帝。在接下来的十几年里,他镇压了绿林、赤眉等起义部队,将各地的割据势力清剿干净,统一了全国。

打了这么多年的仗,刘秀心中早已厌倦了残酷的战争。他内心深知人民流离失

02 情绪和神态 / 喜爱·乐此不疲

"父王，您像夏禹、商汤一样英明，却不像黄帝、老子那样善于养生。请您以后注意保养身体，平时也该让自己放松一下。"刘秀听了，笑着说："你说得很对。可是学习和工作让我很快乐，一点儿也不觉得疲惫啊！"

所的痛苦，于是决定实行休养生息的政策，也就是减轻赋税，鼓励生产，让老百姓安心过日子。在他的统治下，百姓们安居乐业，过上了太平的日子。

刘秀是一个十分勤劳的皇帝，他总是每天早上天还没亮就起来工作，一直到夕阳西下才退朝。他不但善于打仗，还喜欢读书，忙完工作后还经常把大臣们叫到宫里来，大家一起交流读书心得，一谈就谈到深夜，很晚才上床休息。

皇太子见父亲过于劳累，担心这样下去会影响他的身体健康，就劝他说：

例句

- 更兼这位老先生，天生又是无论什么疑难，每问必知，据知而答，无答不既详且尽，并且乐此不疲。（清·文康《儿女英雄传》）
- 我家的小猫最喜欢的就是玩毛线团，每天乐此不疲。

成语个性

也可以写作"乐此不倦"，所形容的都是人沉浸在职业、爱好或者娱乐中十分快乐的状态。

乐不思蜀
lè bù sī shǔ

晋·陈寿《三国志·蜀书·后主传》南朝宋·裴松之注引《汉晋春秋》:"此间乐,不思蜀。"

释 蜀:三国时蜀国。形容在新的环境中找到乐趣,不再想着回到原来的环境中去。泛指乐而忘返。

近义 流连忘返 乐而忘返 **反义** 归心似箭

东汉末年,群雄并起,刘备在现在的四川一带建立了蜀汉政权,魏、蜀、吴三家鼎足而立,历史上称这段时期为三国时期。

刘备去世后，皇帝的位子传给了他的儿子刘禅（shàn）。刘禅这个人没有什么才能，也不思进取。起初，在诸葛亮等大臣的帮助下，蜀国一直保持着国力的强盛。诸葛亮去世以后，刘禅开始宠信奸臣，蜀国国力渐渐衰弱。公元263年，魏军打到了蜀国都城成都城下，刘禅只好宣布投降，蜀国灭亡。

刘禅投降魏国以后，就在魏国继续过着吃喝玩乐的日子，好像完全忘记自己的国家已经灭亡了这件事。

有一次，大将军司马昭宴请他，酒席上，故意叫了一些人来表演蜀汉地方的歌舞。在场有很多以前蜀国的大臣，他们看后都很伤感，无不悲痛流泪。刘禅却无动于衷，还高兴地拍着手说："好啊！好啊！实在是太好看了！"

司马昭见到这种情形，就对身边的人说："想不到刘禅居然昏庸糊涂到了这种地步，简直是个没心没肺的傻子，就算诸葛亮活到今天，也没办法辅佐他啊！"

又有一次，司马昭忽然问刘禅说："大人在这里过得开心吗？是不是很想念蜀国呀？"这话一来是故意拿刘禅取笑，二来是试探他是否有复国的想法，暗藏杀机。

没想到，刘禅居然开心地说："此间乐，不思蜀。"意思是说：在这里有吃的有玩的，快乐得很，我才不会去想什么蜀国呢！

后来，一位以前蜀国的大臣听说了这件事，就跟刘禅说："您怎么能这样回答呢！假如再有人问您，您应该一面痛哭流涕一面回答他，'我是无时无刻不在想念着蜀国啊，想起蜀国，我的心就无比悲痛。'"

过了一段时间，司马昭又来问这个问题，刘禅便按照大臣教给他的话回答："我是无时无刻不在想念着蜀国啊，想起蜀国，我的心就无比悲痛。"

司马昭听了之后很纳闷，便问："这话听起来不像是您的语气啊！"

刘禅大惊失色："你说得没错，这的确是人家教给我说的！"左右的人听了，全都哈哈大笑。

例句

- 一进到尹公馆，坐在客厅中那些铺满黑丝面椅垫的沙发上，大家都有一种宾至如归，乐不思蜀的亲切之感。（白先勇《永远的尹雪艳》）
- 琪琪一家在北京游玩了好几天，都有些乐不思蜀了。

成语个性

"乐不思蜀"原本是个贬义词，有指人忘本的意思，但现在使用时一般都不含贬义，是个中性词。本故事的主人公刘禅还有个小名叫阿斗，老百姓讽刺像刘禅这样看起来愚弱无能的人，就说这个人是"扶不起的阿斗"。

不堪回首
bù kān huí shǒu

南唐·李煜《虞美人》："小楼昨夜又东风，故国不堪回首月明中。"

释：堪：能忍受。回首：回顾，回忆。指过去的事情令人感伤、痛心或悔恨，因而不忍去回忆。

近义：创巨痛深　痛定思痛
反义：喜出望外　大喜过望

　　五代时期的南唐位于江南一带，都城在金陵，也就是现在的南京。南唐后主李煜（yù）不是一个成功的皇帝，却是中国古代一位杰出的诗人，留下了许多千古名句，至今广为传诵，影响深远。

　　李煜为人宽容和善，体贴民间疾苦，并不是一个昏君，但他生性懦弱，对治国理政毫无兴趣，只喜欢游山玩水。因此，当宋太祖赵匡胤（yìn）的大军逼近之时，他唯一能做的就是自己去除了皇帝名号，自称"江南国主"，向宋朝称臣纳贡。然后就

是每天饮酒作乐,忧心忡忡地等待着命运的判决。

不久之后,李煜派弟弟带着许多礼物去宋朝朝贡,被赵匡胤强行扣留,并要求李煜到京城去朝见。李煜知道这一去凶多吉少,于是推说自己病了,不肯去。赵匡胤以此为借口,率领十万大军攻打南唐。南唐的都城金陵被攻陷,南唐灭亡。

李煜作为俘虏被押送到北宋都城东京,受到了屈辱的对待。一个初春的夜晚,被软禁的他看到明月当空,哀痛不禁涌上心头,挥笔写下了一首《虞美人》词:

春花秋月何时了,往事知多少?小楼昨夜又东风,故国不堪回首月明中!

雕栏玉砌应犹在,只是朱颜改。问君能有几多愁?恰似一江春水向东流。

诗句中流露出的是他对故国和宫廷生活的怀念。写下这首词后没几天,李煜就被毒死在深宫中,去世的时候只有四十二岁。

例句

过去的是不堪回首,未来的是迷离险阻,她只有紧抓着现在,脚踏实地奋斗。(茅盾《虹》)

小悦刚转学来这所新学校时,一个朋友也没有,学习成绩也跟不上,那段日子真是不堪回首。

成语个性

李煜的词作历来被读者所喜爱,其中脍炙人口的佳句众多,如"砌下落梅如雪乱,拂了一身还满。""梦里不知身是客,一晌贪欢。""剪不断,理还乱,是离愁。别是一般滋味,在心头。""四十年来家国,三千里地山河。凤阁龙楼连霄汉,玉树琼枝作烟萝,几曾识干戈?"

gān cháng cùn duàn
肝肠寸断

南朝宋·刘义庆《世说新语·黜免》:"其母缘岸哀号,行百余里不去,遂跳上船,至便即绝。破视其腹中,肠皆寸寸断。"

释 肝和肠一寸一寸地断开。形容悲伤到了极点。

近义 心如刀绞 五内俱焚 痛不欲生

反义 心花怒放 喜气洋洋 欣喜若狂

古时候,有这样一个故事发生在巴蜀地区。巴蜀就是现在的四川、重庆一带,那里到处都是大山,人迹罕至,盛产猿猴。我们非常熟悉的两句唐诗——"两岸猿声啼不住,轻舟已过万重山",说的就是这里。

当时,一位将军正率领大军在那里作战。当战船经过三峡时,一个"不速之客"跑到了船上,被将军手下的几个士兵抓住。它是一只幼小的猴子。它太小了,还不懂得外界的凶险,因此并不感到害怕,只是用一双好奇的眼睛打量着人。可是,这群粗鲁的士兵却把这只小猴绑在了桅杆上。

过了不久，士兵们发现，似乎有什么东西一直尾随在大军的后面。起初，大家以为是敌军的探子，都提高了警惕。后来那个东西离得稍近了些，他们这才惊讶地发现，原来是一只母猴。

母猴为何要一直尾随着战船呢？原来，被士兵们捉去的那只小猴正是它的孩子，它是来找孩子的。这只母猴自从孩子丢失后，就奋不顾身地一路狂奔，竟然跟着战船跑了一百多里。

母猴一边追赶，一边悲伤地哀号，一直跑到了船的近旁。它见到自己的孩子被绑在那里，心急如焚，只能哀求地叫着，希望士兵能放了它的孩子。然而，那几个士兵却不愿意把抓到的小猴子放掉。极度悲伤之下，那只母猴用尽最后一点儿气力跳上战船。可是，在刚刚跳上战船的一刹那，它就因为过度的劳累和恐慌，气绝身亡了。

母猴死后，士兵们检查它的身体，把它的胸腹剖开时，十分震惊地发现，这只母猴的肝脏已经破裂，肠子居然一寸一寸地断裂开来。这都是因为士兵捉走了它的孩子，才使得它无比伤心，甚至因此而"肝肠寸断"。母亲对孩子的爱，是没有人与动物之间的分别的。

领兵的将军知道了这件事，被母猴的行为所感动，同时对那几个捉小猴子的士兵的所作所为感到气愤不已，严厉地惩处了他们。

🌰 例句

🍂 腹中如汤灌，肝肠寸寸断。（宋·郭茂倩《乐府诗集·华山畿》）

🍂 听说好朋友因车祸而去世，他无比伤心、肝肠寸断。

02 情绪和神态／悲伤·肝肠寸断

bù hán ér lì
不寒而栗

汉·司马迁《史记·酷吏列传》:"是日皆报杀四百余人,其后郡中不寒而栗。"

释 栗:战栗,发抖。明明一点儿也不冷,却浑身发抖。形容非常恐惧。

近义 毛骨悚然 胆战心惊 魂不附体　　**反义** 泰然自若 安之若素 面不改色

情绪和神态 / 恐惧·不寒而栗

西汉的时候，有个名叫义纵的人，他从小不爱学习，成天在外面结交些狐朋狗友，不是抢劫、偷盗，就是打架斗殴、为非作歹。家里人都对他感到很头疼，认为这小子从小就不学好，长大了也一定不会有什么出息。

义纵的姐姐是当时的名医，医术十分高明。她曾经治好了太后的病，因此太后很喜爱她。也正是因为这一层特殊关系，义纵居然一下子平步青云，跑到皇帝身边当差去了。

后来，汉武帝派他到一个治安非常混乱的地方做官。义纵在任职期间，能够依法办事，不讲情面，更不怕得罪那些有权有势的人，使当地的治安状况有了很大的改善。

当地有一个官员，生性残暴，而且贪婪腐败，利用手中的权力胡作非为，做了不少恶事。不但当地的老百姓害怕他，甚至就连一般的官员也不敢得罪他。义纵上任后，马上派人调查这个官员和他的亲属，凡是查到有罪的，就统统杀掉，最后，这个官员也被判了罪。这么一来，当地的土豪劣绅无不人人自危，都怕自己家人干的坏事被义纵查出来，吓得纷纷逃到外地去了。

义纵执法严峻，但太过暴虐，杀人太多，有时甚至滥杀无辜。有一次，义纵刚到一个新地方上任，为了整顿治安，就把监狱里二百多个罪不至死的犯人判处了死刑，还把二百多个来监狱探望这些犯人的家属也抓了起来，一并判处死刑，一天之内就杀了四百多人。

那天的天气并不寒冷，可当地的人们听到这个消息后，都吓得不由自主地颤抖起来。可见义纵这个酷吏是多么可怕。

🌰 例句

🟡 现在回想起门外风餐露宿的生活，他都有点不寒而栗，甚至连去黄原的勇气也丧失了。（路遥《平凡的世界》）

🟡 他独自走在漆黑的路上，远处传来的一声声狼嚎让他不寒而栗。

成 语 个 性

注意"栗"不要写成"粟"。

草木皆兵

cǎo mù jiē bīng

唐·房玄龄《晋书·苻坚载记下》:
"又北望八公山上草木,皆类人形。"

释 把山上的草丛和树木都看成了敌人的伏兵。形容人在极度惊恐时,神经过敏、疑神疑鬼的心理状态。

近义 风声鹤唳 杯弓蛇影　　**反义** 镇定自若 处变不惊

　　我国东晋时期,在北方和西南方先后还有十六个大大小小的国家政权,称为十六国。在这些国家中,前秦的实力非常强大。

　　这一年,前秦的皇帝苻(fú)坚亲自率领八十万大军,南下攻打东晋。苻坚仗着兵强马壮,根本没把对手放在眼里。他认为晋军不堪一击,很快就可以大获全胜,于是派了一个将军去向晋军劝降。但苻坚没想到的是,他派去的这个将军是东晋的间谍,一直在暗中帮助晋军。他把秦军的作战安排全部泄露了出去,晋军立即出兵偷袭秦营,结果大胜。

　　苻坚顿时慌了手脚,他登上城楼,观察晋军的动静。当时正是隆冬时节,又是阴天,苻坚一眼望去,只见淝水对岸,晋军一座座的营帐排列得整整齐齐,手持刀枪的士兵来往巡逻,士气高昂,威武雄壮。

　　苻坚又向远处八公山上看去,随着一阵西北风呼啸而过,山上的草木不停地晃动,就像无数士兵在走动。其实那里

02 情绪和神态 / 恐惧·草木皆兵

根本没有驻扎晋军的部队，可是，苻坚心里害怕，隐隐约约看到黑压压的一片，就以为是晋军。他惊恐地说："晋军明明是一支劲敌，怎么能说它是弱兵呢？你们看，那座大山上不知道有多少人马呢！"他开始后悔自己过于傲慢轻敌了。

到了双方决战时，东晋的将军谢玄想出了一条妙计。他派人向苻坚建议说："你们在河边安营扎寨，这样我们两军只能打持久的消耗战。不如您命令部队稍稍向后退一些，让我军渡过河去，咱们来个速战速决！"

一心想要取胜的苻坚想趁晋军渡河时发起攻击，于是不顾手下将领们的极力反对，同意了谢玄的提议，下令大军后撤。但苻坚没有料到，秦军一接到后退的命令，以为前方打了败仗，几十万人一下子乱成一片，仓皇逃命。

谢玄马上指挥八千精兵迅速渡河，突袭杀敌。秦军在逃跑途中丢盔弃甲、一片混乱，死的人不计其数。苻坚也中箭负伤，只得孤身一人逃走。那些侥幸逃脱追击的秦军士兵，一路上听到呼呼的风声和鹤的鸣叫声，都以为是追兵赶到，吓得心惊胆战，于是不顾白天黑夜，脚不沾地，拼命奔逃。

就这样，苻坚为他的骄傲和轻敌付出了代价。东晋以少胜多，取得了淝水之战的重大胜利。

🌰 例句

🍃 这一天大家都是惊疑不定，草木皆兵，迨及到了晚上，仍然毫无动静。（清·吴趼人《二十年目睹之怪现状》）

🍃 八路军采用的"麻雀战"使得侵略者草木皆兵、人心惶惶。

成语个性

淝水之战还出了另一个成语——风声鹤唳，和"草木皆兵"意义相近。"风声鹤唳，草木皆兵"经常连用。

61

谈虎色变
tán hǔ sè biàn

宋·程颢、程颐《二程遗书》："常见一田夫，曾被虎伤，有人说虎伤人，众莫不惊，独田夫色动异于众。"

释 色：脸色。被老虎咬过的人听别人说到虎，吓得脸色都变了。形容一提到自己害怕的事，情绪就紧张起来。

近义 心有余悸 闻风丧胆 大惊失色 **反义** 面不改色 谈笑自若 不动声色

北宋时候，有一对兄弟名叫程颢（hào）和程颐（yí），他们都是著名的大学者，一生留下了丰富的著作。宋明时期盛行的"理学"便是由他们创立的。程氏兄弟二人平生致力于"格物致知"的学问，也就是通过深入观察事物，研究事物的道理和规律，从而更好地指导实践。

一次，有人问程颐："先生曾经说过，只有从实践中才能得到真正的知识。学生不太明白这个道理，想请先生解释一下。"

程颐笑了笑，讲了这样一个故事："老虎能伤人，这是连三岁小孩子都知道的事情。可是，你设想一下，如果现在大家正聚在一起聊天，这时有人提到老虎，你会感到害怕吗？"

"当然不会啦。谁会那么胆小呢？"

"是啊，你当然不会。可是，我就认识一个农夫，他曾经被老虎咬伤过，好不容易才捡回一条命来。从那以后，只要听到有人提起老虎，他就会吓得脸色都变了。"

"先生，您说这是为什么呢？"

"就是因为这个农夫真正接触过老虎的凶猛可怕。你想想看，他差一点儿连小命都丢了，这辈子还能忘了这段经历吗？"

说到这里，程颐喝了口茶，润润喉咙，又将话题引申开来："年轻人，你要记住，咱们读书人做学问，求的是治国安邦、造福百姓。可你要是一味地高高在上，而不深入实际去体察民情，那是无论如何也治理不好国家的，这就是'实践出真知'的道理。这个道理听起来简单，真正做起来却不那么容易，是要用一辈子的时间去亲身实行的！"

02 情绪和神态

恐惧·谈虎色变

例句

昔人云谈虎色变，朕此时觉烈火、寒冰、臭秽、刀剑诸怪异，如剥肌肤也。（清·夏敬渠《野叟曝言》）

他小时候有一次玩水差点儿淹死，现在大家一提起游泳，他都会谈虎色变。

成语个性

与程颢、程颐有关的成语典故还有人们耳熟能详的"程门立雪"，用来形容学生的求学心切和对有学问长者的尊敬。二程兄弟与他们的传人朱熹，传承和发扬了儒家的理学学派，后世称之为"程朱理学"。

惊弓之鸟
jīng gōng zhī niǎo

汉·刘向《战国策·楚策四》:"雁从东方来,更羸以虚发而下之……对曰:'其飞徐而鸣悲。飞徐者,故疮痛也;鸣悲者,久失群也。故疮未息,而惊心未至也,闻弦音引而高飞,故疮陨也。'"

释 受过箭伤,一听到弓弦声就惊恐的鸟。比喻受过伤害或惊吓,碰到一点儿小事就惊恐不安的人。

近义 心有余悸 谈虎色变 闻风丧胆 **反义** 初生之犊 泰然自若 面不改色

战国时期,魏国有一位有名的射箭能手,名叫更羸(léi),他的箭术天下无双。

有一次,更羸陪同魏王出行。忽然,他们听到一阵鸟鸣声,抬头看去,只见一只大雁正朝这边飞来。更羸仔细观察了一下,对魏王说:"大王,我可以不用箭,只要拉一拉弓弦,就能把它射下来。"

魏王听了,有些不敢相信自己的耳朵:"先生的射箭技艺已经可以达到这样高超的水平了吗?"

更羸自信地说:"请让我试一试。"

只见他左手持弓,并不取箭,右手拉满弓弦,对着大雁摆出射箭的姿势,然后轻轻松开手,只听嘣的一声弦响,再看那只大雁,先是惊慌地向高处一蹿,紧接着,它有气无力地扑扇了几下翅膀,便一头栽落下来。

这下子，魏王连自己的眼睛也不敢相信了，惊叹道："天啊，你的箭法居然达到了这么高超的地步！"

"大王过奖了。不是我的本事大，而是因为这只鸟受了伤。"

魏王更加纳闷了："先生是怎么知道的？"

更羸回答说："这只鸟飞得很低、很慢，叫声又十分凄厉。飞得低、飞得慢，是因为它受过严重的箭伤；叫声悲惨凄厉，是因为它是一头离群的孤雁。它一定是在受伤后，和同伴失散的。它原来的伤口还没有愈合，旧伤疼痛，加上惊恐不安，所以一听见弓弦的声音便奋力向上飞，导致伤口迸裂，身体失去平衡，这才跌落下来的。"

02 情绪和神态 / 恐惧·惊弓之鸟

例句

- 近来谣言大炽，四近居人，大抵迁徙，景物颇已寂寥，上海人已是惊弓之鸟，固不可诋为"庸人自扰"。（鲁迅《书信集·致台静农》）

- 自从上次被狗咬伤，他好像成了惊弓之鸟，每次出门看到狗都绕得远远地走。

怒发冲冠
nù fà chōng guān

汉·司马迁《史记·廉颇蔺相如列传》:
"相如因持璧却立,倚柱,怒发上冲冠。"

释 冠:帽子。愤怒得头发直竖,几乎要把帽子顶起来。形容愤怒到了极点。

近义 怒火中烧 怒气冲天 大发雷霆　　**反义** 心花怒放 喜不自胜 喜形于色

战国时候,秦王听说赵国有一件很珍贵的国宝——和氏璧,便企图把它据为己有,于是写信给赵王,说愿意用十五座城池来换这块玉璧。

赵王担心秦王使诈,但又不敢一口回绝强大的秦国,便打算派人去当面回复。该派谁去呢?这时,有人向赵王推荐了智勇过人的蔺(lìn)相如。于是,赵王派蔺相如为特使,去秦国和秦王交涉和氏璧的事情。

秦王的态度十分傲慢,都没按照正式的礼仪在朝廷上接见蔺相如,而是把他叫到自己的住处来会面。他接过蔺相如呈献上来的和氏璧,得意扬扬地把玩了一番后,又递给左右的大臣和姬妾们传看。

蔺相如看出秦王根本没有交付那十五座城池的意思,于是心生一计,说道:"禀告大王,这玉璧是我们赵国的国宝,可惜啊,美中不足,上面有一点儿小瑕疵,想必大王还没发现,请让小臣指给大王看。"

秦王把和氏璧交到他手里。蔺相如接过玉璧,立刻后退几步,身体紧靠着殿柱,气得头发一根一根地直竖着,几乎能把头上戴的帽子都顶起来。

他怒斥秦王道:"我们大王早就知道你不会讲信用,但为了表示我国的诚意,还是派我将和氏璧带来了。可是你却对我百般羞辱,连基本的尊重都没有,更别提诚意了。我蔺相如是赵国人,羞辱我就是在羞辱赵国!既然如此,那我只好收回和氏璧。奉劝你不要欺人太甚,不然的话,就让我的头和这玉璧一起在柱子上撞个粉碎!"

秦王无计可施,又担心他真的把宝贝毁掉,只好道歉,并答应五天后举行隆重的仪式,拿当初讲好的十五座城池来换取和氏璧。

然而,蔺相如已经料到这不过又是秦王的骗局,便让随从换上普通百姓的衣服,连夜抄小路逃走,把和氏璧送回了赵国。秦王得知后,非常生气,本想把蔺相如杀掉,但想想毕竟是自己理亏,杀了他不仅得不到和氏璧,反倒伤了秦赵两国的和气,只好好好款待了蔺相如一番,放他回了赵国。

蔺相如回国后,赵王认为他是一位称职的大臣,不辱使命,为赵国争得了脸面,于是封他为上大夫。

情绪和神态 / 愤怒·怒发冲冠

例句

🍂 穷乡僻壤,有这样读书君子,却被守钱奴如此凌虐,足令人怒发冲冠。(清·吴敬梓《儒林外史》)

🍂 看你这副怒发冲冠的模样,是谁把你气成这样的?快跟我说说,小心气坏了身体啊!

成 语 个 性

"发"不要错念成一声,"冠"不要错念成四声。成语"完璧归赵""价值连城"也是出自这个故事。蔺相如是战国时期著名的政治家,他和将军廉颇的故事广为流传,和他们相关的成语典故还有"负荆请罪""刎颈之交"等。

疾首蹙额
jí shǒu cù é

战国·孟轲《孟子·梁惠王下》:"今王鼓乐于此,百姓闻王钟鼓之声,管籥(yuè)之音,举疾首蹙颚(è)而相告曰:'吾王之好鼓乐,夫何使我至于此极也?父子不相见,兄弟妻子离散。'"

释 疾首:头痛。蹙额:皱眉头。使人头痛,让人皱眉。形容痛恨、厌恶的样子。

近义 深恶痛绝 咬牙切齿 恨之入骨　　**反义** 心平气和 眉开眼笑 笑逐颜开

儒家的代表人物孟子是一位主张施行仁政的大学者。

一次,孟子在觐(jìn)见齐宣王时问道:"我听说大王爱好音乐,有这回事吗?"

齐宣王有些不好意思："您这是听谁说的啊？不错，本王是喜欢音乐，可我喜欢的不是老祖宗留下来的那些清静典雅的音乐，而是大街小巷人人爱听的流行音乐。怎么样，老师一定觉得我很俗吧？"

孟子说："哪里哪里！大王如果喜欢音乐，那您的国家一定治理得不错！不管您是喜欢高雅的音乐，还是通俗的音乐，都挺好的。"

齐宣王有点摸不着头脑："老师，这是什么道理呢？"

孟子说："大王，您说，独自一人欣赏音乐，和与别人一起欣赏音乐，哪个更快乐？"

齐宣王说："当然是和别人一起更快乐啦。"

孟子又说："那，与少数的几个人一起欣赏音乐，和与大家伙儿一起欣赏音乐，哪个更快乐呢？"

"那当然是大家伙儿热热闹闹地聚在一起更快乐啊。"

"那就让我来为大王讲讲音乐吧！如果大王奏乐时，百姓们听到大王鸣钟击鼓、品箫吹笛的声音，全都哭丧着一张脸，脑袋也痛起来了，眉头也皱起来了，相互诉苦：'听！我们大王这么爱好音乐，他不应该是个坏国君啊，为什么却让我们这么穷困呢？为什么有那么多的家庭，父亲和儿子见不到面，一对对兄弟、一双双夫妻生生被拆散呢？'要是发生了这种事啊，没有别的原因，一定是由于大王不能与民同乐的缘故。

"如果大王奏乐时，百姓们一听见乐音，都眉开眼笑地叽叽喳喳起来：'听！咱们大王身体一定很棒，要不怎么能亲自奏乐呢？'要是这样的话啊，也没有别的原因，一定是由于大王能与民同乐的缘故。

"现在我知道，大王是个喜欢和百姓们聚在一起欣赏音乐的好国君，既然如此，您就一定可以用仁政治理好天下。"

例句

🌰 我独不解中国人何以于旧状况那么心平气和，于较新的机运就这么疾首蹙额。（鲁迅《华盖集·这个与那个》）

🌰 这人表里不一，说话做事总是当面一套，背后一套，令人疾首蹙额。

成语个性

"疾首蹙额"与"痛心疾首"这两个成语虽然看上去很相似，但表达的意思并不完全相同。"疾首蹙额"强调的是对某人或某事的憎恶、痛恨；"痛心疾首"除了表示痛恨外，也用来形容伤心或悔恨。

恨之入骨

hèn zhī rù gǔ

汉·司马迁《史记·秦本纪》："缪公之怨此三人，入于骨髓。"

释 恨进骨头里去。形容痛恨到了极点。

近义 食肉寝皮 咬牙切齿 挫骨扬灰

反义 情深义重 一往情深 情有独钟

02 情绪和神态 / 仇恨·恨之入骨

春秋时期,秦国君主秦穆公得知郑国的城防空虚,心想,如果这时去偷袭郑国,一定可以成功。

他去问身边最聪明的两个谋士,谋士们说:"主公,这样恐怕是不行的。军队从秦国到郑国,要经过上千里的路程,如果有人走漏了消息,后果不堪设想。请主公三思!"可是秦穆公不听谋士的意见,坚持派三位将军率领大军出征。

军队出发的那天,许多将士们的父母妻儿在路旁大哭。秦穆公很生气:"今天是我派兵出征的好日子,你们哭什么?这不是扰乱军心吗!"

有几位老人说:"主公,我们不敢阻拦军队,只是我们的儿子都在军中,我们的年岁都很大了,他们这一去恐怕就再也见不到面了,所以才哭。"

秦国大军一路行进,来到了离郑国不远的地方。恰好有一个郑国商人赶着一群牛准备到市场上卖掉,他见到秦国的军队,灵机一动,骗他们说:"我们主公知道你们要来,特地派我带了一群牛来送给贵国的将士们。"

听了商人的话,秦国的三位将军都非常吃惊,他们聚在一起商量:"我们本来是要偷袭郑国,可是现在郑国已经得知了消息,肯定也做好了防御准备。不如我们看看这附近还有没有其他国家的地盘,攻打下来,至少没有白来一趟。"

正好晋国有一座小城就在这附近,于是秦军就把这座小城灭掉了。那时候,晋国的国君刚刚去世,还没有安葬,太子听说秦国来犯,气得咬牙切齿:"秦国也太欺负人了,趁我办丧事的时候攻打我们,这个仇我非报不可!"

晋国对秦军发起攻击,结果秦军大败,三位将军都被俘虏了。太子原本想杀了这三个人,可晋国国君的夫人是秦国的公主,她向太子求情说:"这三个人成事不足,败事有余,秦穆公恨他们恨到骨头里,希望你能够放他们回国,好让他们得到应有的惩罚。"太子答应了。

三位将军回到秦国,秦穆公亲自穿着丧服到郊外迎接他们,哭着对他们说:"寡人没有听从谋士的意见,才打了这场败仗,让你们也受了苦,这都是寡人的错啊!"于是他不但没有惩罚这三个人,还给了他们重重的赏赐。

例句

● 大家对他两个虽是恨之入骨,可是谁也不敢说半句话,都恐怕扳不倒他们,自己吃亏。(赵树理《小二黑结婚》)

● 电信诈骗这一令人民群众恨之入骨的犯罪行为,正在受到严厉惩处。

食肉寝皮

shí ròu qǐn pí

春秋·左丘明《左传·襄公二十一年》:"臣为隶新,然二子者,譬于禽兽,臣食其肉而寝处其皮矣。"

释 寝:睡觉。恨不得吃他的肉,剥下他的皮来当褥子用。形容对对方极度仇恨。

近义 不共戴天 挫骨扬灰 恨之入骨

反义 情深义重 一往情深 情有独钟

春秋时,晋国有一员大将名叫州绰。这个人英勇善战,曾经率领晋军打败过齐国的军队,还俘虏了齐国的几员大将。

后来,州绰被人陷害,为了躲避杀身之祸,只好逃出了晋国,投奔齐国。齐庄公摆下酒宴款待州绰,但其实并没有把他放在眼里,心想:"州绰不过是个无家可归的丧家之犬罢了,我看也没什么了不起的。"

宴席上,齐庄公对州绰的态度很轻蔑,向他吹嘘道:"将军来我们齐国自然是好事。可是我手下猛将如云,恐怕没有将军您的位置啊!"

州绰冷冷地回答:"您手下的那些人,都不过是我的手下败将罢了。"

"你怎么敢这么说?这些将军可都是我手下的雄鸡,声名赫赫啊!"

"您这样说,微臣不敢反驳。可您要说这些人是雄鸡,恐怕我州绰的名声比他们响亮多了。"

"随便你怎么说吧。我不久就要表彰手下的勇士,凡是在战争中有功劳的,都要给他们爵位和封地。"

"如果您的那些将军也能获得爵位和封地,那我州绰比他们更有资格。想当年,我率领晋军攻打齐国的时候,我的战马受了伤不能前进,我被困在城门洞里,但我一点儿也不惊慌,依然坚持战斗,齐国的将军没有一个是我的对手。事后回忆起当时的情景,我连你们齐国城门上有几颗钉子都记得一清二楚。您说我算不算是勇士,那些封赏我有没有资格拿一份呢?"

"可是,那时你是在为晋国出力呀,怎么能算是你对我们齐国的功劳呢?"齐庄公说。

州绰答道:"不错,我刚刚来到齐国,还没有为您效力。可是您手下的那几个将军呢?如果把他们比作野兽的话,我可以吃了他们的肉,把皮剥下来当褥子用。像这样的手下败将,怎么有资格称为勇士呢?"

齐庄公只好承认州绰的勇猛善战,给了他丰厚的封赏。州绰从此也对齐国忠心耿耿,打了不少胜仗。

例句

- 却说殷小姐痛恨刘贼,恨不食肉寝皮,只因身怀有孕,未知男女,万不得已,权且勉强相从。(明·吴承恩《西游记》)
- 说起那伙无恶不作的罪犯,大家都咬牙切齿,恨不得能把他们食肉寝皮。

成语个性

在成语出处中,"食肉寝皮"原本是用来指对方没有真本领,只能任人宰割,后来逐渐演化成对对方仇恨极深。

情绪和神态 仇恨·食肉寝皮

无地自容
wú dì zì róng

晋·陈寿《三国志·魏书·管宁传》："夙宵战怖，无地自厝（cuò）。"

释 没有地方可以让自己容身。形容极为惶恐羞愧。

近义 自惭形秽　愧天怍人　汗颜无地　　**反义** 恬不知耻　寡廉鲜耻　厚颜无耻

三国时，有一个叫管宁的人。他从小家境贫困，十六岁的时候又失去了父亲，但是亲友们纷纷给他送来财物接济他时，他却拒绝了。管宁的个性独立好强，头脑十分聪颖，品行高洁，是远近闻名的贤士。

当时天下大乱，各地的英雄豪杰、文人谋士纷纷出动，想建立一番功业。管宁却隐居在一个山谷里，每天读书讲学，和朋友一起谈论经典文章，过着安然自在的生活。当地的地方官来找过他好几次，想请他出山，还送给他许多金银财宝，管宁都没有收下，全都退了回去。魏国的皇帝好几次任命他当官，他也都推辞不去。

于是，皇帝特意下了一封诏书，说道："管宁先生既有道德，又有学问，为人清正廉洁。朝廷多次请你出来做官，你都没有接受。管宁先生啊，难道国家的大事完全不合你的志趣吗？难道你就安于隐居的生活，不愿意为百姓做点儿实事吗？你不愿意做官，我非要让你做官不可！"

这一次，皇帝又封了管宁很高的官职，派人去请他进京。管宁听说了这件事，心里感到十分不安，连忙写了一封信给皇帝："臣不过是一个普普通通的老百姓而已，不会种地，也不会带兵打仗。陛下您给我这么高的官职，这么好的待遇，这让臣白天黑夜战战兢兢，感觉没有安置自己的地方，臣实在是担当不起啊！臣既没有什么本事，又体弱多病，不适合出来做官。请陛下三思啊！"

就这样，管宁又拒绝了朝廷的任命。他活到了八十多岁，可是直到白了胡子掉光了牙，仍然没有出来做官。

02 情绪和神态

惭愧·无地自容

例句

🍄 老太太这么大年纪,儿孙们没点孝顺,承受老祖宗这样恩典,叫儿孙们更无地自容了!(清·曹雪芹《红楼梦》)

🍄 他考试作弊被老师当场抓住,顿时羞愧得无地自容。

成语个性

关于管宁,还有一个成语叫"割席分坐",形容朋友之间因为品德、志趣不同而绝交。

噬(shì)脐(qí)莫(mò)及

春秋·左丘明《左传·庄公六年》:"亡邓国者,必此人也。若不早图,后君噬齐(脐),其及图之乎?"

02 情绪和神态 / 后悔·噬脐莫及

释 噬：咬。用嘴咬不到自己的肚脐。比喻后悔也来不及。

近义 后悔莫及 追悔莫及 悔之无及   **反义** 九死不悔 死而无悔 坚定不移

这是一个春秋时期的故事。

楚文王是一个喜欢打仗的国君，自从登基以后，他连年在外征战，打了不少胜仗，消灭了好几个小国。因此，其他国家的人们一听到他的名字就很反感，对他都很提防。

有一年，楚文王再次出兵，这次他要侵略的是一个名叫申国的小国。在楚国和申国之间，还隔着一个邓国。邓国也是一个很小的国家，楚文王要出兵攻打申国，必须从邓国经过。

邓国的国君是楚文王的舅舅。楚文王率领大军经过邓国时，邓国国君不但没有提防他，还对大臣们说："楚文王不是外人，那是我的外甥啊，我的外甥来看我了。"并下令设宴款待。

邓国有三位忠实的大臣，他们见楚文王率领大军前来，心里都十分担忧。于是，三位大臣请求国君借着这个机会杀掉楚文王，他们对国君说："楚文王到处侵略，不得民心，留着他迟早是个祸害，搞不好他这一次连我们邓国也想灭掉，请您赶快下令除掉他吧！"

国君却很不高兴地说："不行！楚文王是我们自己人，杀了他，以后谁还拿咱们当朋友，谁还会来参加咱们的宴会，跟咱们一起喝酒呢！"

三位大臣劝他说："如果您今天不杀掉他，我们敢保证，以后他一定会把咱们邓国也灭掉的。等到他灭了申国，再来灭邓国，咱们可就再也没办法对付他了。到那个时候，就像想要咬到自己的肚脐却够不着一样，后悔也没有用了。"但国君仍然坚持不肯杀掉楚文王。

过了几天，楚文王离开了邓国，去攻打申国。申国实力很弱，楚国大军不费吹灰之力就攻克了它。这时候，楚国周边的小国家都已经被楚文王消灭，只剩下一个孤零零的邓国。

在回楚国的路上，楚文王的大军再次经过邓国。这一次，他可没有顾及什么舅甥的情分，顺手就占领了邓国，应验了三位大臣的预言。

例句

● 若不趁此刻猛省回头，以后虽欲改图，噬脐莫及。（清·林则徐《晓谕粤省士商军民人等速戒鸦片告示稿》）

● 当警察给他戴上冰冷的手铐时，他知道，一切都已经噬脐莫及了。

芒刺在背

máng cì zài bèi

汉·班固《汉书·霍光传》:"宣帝始立,谒(yè)见高庙,大将军光从骖乘(cān shèng),上内严惮之,若有芒刺在背。"

释 芒刺:草木茎叶、果实外壳上的小刺。像有芒刺扎在背上一样。形容内心惶恐、焦虑不安。

近义 如坐针毡 六神无主 坐立不安

反义 泰然自若 若无其事 安之若素

霍光是西汉时期有名的大臣,也是名将霍去病的弟弟,很受汉武帝刘彻器重,被封为大司马、大将军。

汉武帝临终时,托付他辅佐年幼的汉昭帝。在霍光的辅佐下,汉昭帝采取休养生息的政策,鼓励农业生产,使得汉朝原已空虚的国力得到一定的恢复。虽然霍光对汉朝劳苦功高,但他独揽大权,利用手中的权力排斥异己,杀了很多忠心耿耿的大臣。这种做法使得朝廷里的其他大臣胆战心惊,没有一个不怕他的。

汉昭帝的寿命不长,二十岁出头就去世了。汉昭帝没有儿子,于是霍光立了汉武帝的孙子刘贺当皇帝。但这个皇帝生活放荡不堪,整天寻欢作乐,从不干正事,霍光很生气,把他废掉了。刘贺只当了二十多天的皇帝,他就是历史上有名的"海昏侯"。

这之后,霍光又拥立刘询当上了皇帝。汉宣帝刘询即位时才十八岁,他心里很清楚,霍光和他的家族权势很大,一手遮天,自己的生死存废完全由他决定,因而对霍光十分惧怕。

新皇帝登基之后,都要去祖庙祭祀。这一天,汉宣帝乘坐着一辆装饰华丽的马车,而霍光就坐在他的一旁。汉宣帝见霍光威风凛凛、神色严肃,便不由自主地感到紧张害怕,就像后背上有尖刺在扎似的,只觉得坐立不安,后来紧张得几乎难以完成整个祭祖仪式。

从此,上至天子,下至文武百官,无不对霍光小心翼翼、唯命是从。霍光病死后,霍家的人企图谋反,结果阴谋败露,被满门抄斩。皇帝这才用不着再看霍光的脸色行事,总算能无拘无束,行动自由了。

情绪和神态 / 不安·芒刺在背

成语个性

《汉书》是继《史记》之后我国古代又一部重要史书,是我国的第一部纪传体断代史,与《史记》《后汉书》《三国志》并称为"前四史"。出自《汉书》并与霍光有关的成语典故还有很多,如:不学无术、大惊失色、焦头烂额、曲突徙薪等。

例句

🍪 后座上放着那幅《贫瘠》系列之二,骷髅头上的那只眼睛在黑暗中凝视着滑膛,令他如芒刺在背。(刘慈欣《赡养人类》)

🍪 一想到考试有可能通不过,他便如芒刺在背、坐立不安。

如坐针毡
rú zuò zhēn zhān

唐·房玄龄《晋书·杜锡传》："后置针着锡常所坐处毡中，刺之流血。"

释 像坐在插着针的毡子上一样。形容心神不定，坐立不安。

近义 芒刺在背 六神无主 坐立不安　　**反义** 泰然自若 不动声色 安之若素

西晋时期，有个叫杜锡的官员，他不仅学识渊博，性格也非常耿直，因而被任命为太子司马遹（yù）的老师。

司马遹是晋朝开国皇帝司马炎的孙子，自幼聪慧。他五岁那年，有一天夜里皇宫失火，司马炎登上高楼瞭望火情，并让旁边的人举起烛火照明。司马遹扯扯祖父的衣袖，对他说："夜里突然间起火，一定事出有因，这时不应该让人举着烛火照着皇帝，以免有躲在暗处的人伤害您。"司马炎听了这话，非常惊诧他小小年纪就能有这样的见识，后来就更加疼爱和看重这个皇孙了。

但司马遹长大后却成了一个性格残暴的人，生活奢侈、品行不端。他还喜欢在宫中做些小生意，卖酒卖肉。杜锡看不过去，常常直言劝谏太子不要继续胡闹下去，态度很诚恳。可是太子不仅不听劝告，反而从此对杜锡心怀怨恨。

有一次，杜锡教育完太子，太子怀恨在心，企图报复，就故意在杜锡平时坐的毡垫里放了一把针。杜锡没有发觉，坐下后屁股被扎得鲜血直流。第二天，太子故意问杜锡："杜老师啊，你昨天是不是出了什么事？怎么一瘸一拐地来见我啊？"

杜锡不想戳破太子，只好回答："臣昨天喝醉了，也不知道都干了些什么，一觉醒来就这样了。"

太子却不领他的情，还抓住这个机会嘲笑他说："你平时总是喜欢责备别人，我还以为你一定是个十全十美的完人呢。哎呀，原来你也会喝醉酒啊！这可真是新鲜事，呵呵呵……"杜锡是个老实人，这让他感到十分尴尬。恶作剧得逞的太子反倒得意扬扬了起来。

🌰 例句

🌰 却说方腊在帮源洞如坐针毡，亦无计可施。（明·施耐庵《水浒传》）

🌰 自从昨夜儿子在车祸中受重伤送进了医院，他就一直如坐针毡，在急救病房外焦急地等待着。

成语个性

杜锡的父亲杜预是西晋名将，在晋灭吴的统一战争中立下了卓越功勋。《晋书》中与杜预有关的成语也有两个，一个是"势如破竹"，另一个是"迎刃而解"。

无所适从

wú suǒ shì cóng

春秋·左丘明《左传·僖公五年》："狐裘龙(méng)茸，一国三公，吾谁适从？"

释 适：往。从：跟随。不知听从哪一个好。指不知该怎么办。

近义 莫衷一是 不知所措 进退失据　　**反义** 择善而从 从容不迫 处变不惊

春秋时期，晋国的国君晋献公娶了漂亮的夫人骊(lí)姬。后来，骊姬生了一个儿子，她便一心想要废去太子，改立自己的儿子为太子。

晋献公一共有八个儿子，老大、老二、老三都很有才能，个个都是当国君的好材料，自然便成了骊姬的眼中钉。于是，她暗地里收买了晋献公的两个宠臣，让他们设法使三位公子离开晋献公身边，疏远他们父子间的感情。

于是，这两个宠臣就向晋献公提议："主公，太子很有威望，臣民都拥护他，二公子、三公子也很有才干，正好我们国家有三座重要的城池，需要得力的人镇守，不如安排他们去吧！这样一来，主公您指挥大局，三位公子分头坐镇，新夫人生的小公子现在还年幼，正好让他们母子陪在您身边，共享天伦之乐，主公您真是有福之人！"晋献公同意了。果然，从这之后，他便渐渐同三个儿子疏远了。

三位公子管辖的地方同时都要修筑城池，需要一个有经验的人监督工程的进度。晋国的大夫士萭（wěi）足智多谋，晋献公十分信赖他，就派他去负责这件事。

士萭暗自揣测，国君为何派三位公子去三个地方，还同时都要修筑城池，想来想去，这一定是骊姬的计谋，目的就是让她自己的儿子当太子。想到这里，士萭故意让修筑城池的人乱干一气，草草完工。

晋献公听说城池修得不好，就把士萭叫来，质问他为什么不认真负责。士萭回答说："没有外敌入侵而筑城，城池必定会被国内对主公有异心的人占据，与主公对抗。既然城池会被他们占据，为什么要修得那么结实呢？而且，我听说过这样一句诗：怀德惟宁，宗子惟城。意思是说，只有君主怀有仁德之心，国家才会安定，子孙后代才会像城墙那样坚固。只要您能做到以德治国，把您周围的人都紧紧团结在一起，还用得着修筑城池吗？像您这样大兴土木，我还以为不出三年就要打仗了呢！"晋献公无言以对。

回到家里，士萭写下了这样两句诗："一国三公，吾谁适从？"大意是：一位国君，三位公子，我到底该听谁的呢？

事态的发展不幸被他言中了。后来，晋献公听信骊姬的谗言，逼死了太子，另外两位公子也被迫逃亡国外，骊姬生的小儿子则当上了晋国的太子，晋国陷入内乱之中。

例句

- 二人临事，指踪不一，则下将无所适从。（元·脱脱《宋史·贾黯传》）
- 作为一班之长，面对同学们的各种看法不要感到无所适从，一定要有自己的立场。

成语个性

这个故事还出了另一个成语：一国三公。一个国家有三个国君，泛指权力不集中，政令不统一。

做贼心虚

宋·沈括《梦溪笔谈·权智》:"引囚逐一令引手入帷摸之,出乃验其手,皆有墨。唯有一囚无墨,讯之,遂承为盗。盖恐钟有声,不敢摸也。"

释 形容做了坏事的人,怕被人发觉而内心惶恐不安。

近义 贼人心虚 心怀鬼胎 欲盖弥彰　　**反义** 问心无愧 心安理得 理直气壮

　　北宋时有个叫陈襄的人,学识渊博,为人公平正直,是天下有名的聪明人。他年轻时曾在一个县里当县令,不但爱护百姓,造福一方,还解决了不少疑难案件,关于他的许多故事至今流传。

　　一次,有户人家被盗,丢失了不少东西,告到官府,官府捉了好几个嫌疑人,但弄不清谁才是真正偷东西的那个人。

　　陈襄想出一个计策,他对手下说:"城里有一座寺庙,庙里有一口钟,它能把真正的贼人辨认出来,一认一个准。"

　　于是,陈襄打发人去把这口钟搬到县衙门来,放到后院里供奉着。然后,他让人把几个嫌疑人带来,让他们在钟前面站好,对他们说:"这口钟非常灵验,只要你们都用手来摸一摸,它就能知道谁是真正的贼。不是贼的人摸它，它不会发出声音；如果摸它的人是贼，一碰就会发出声音。现在，为了找出那个贼，你们必须都去摸一摸。"

说完这番话，陈襄亲自领着大伙装模作样地向钟祷告，态度看上去十分庄重严肃。这套仪式完了之后，陈襄让手下人用一块大布把钟遮起来，没有允许谁也不能碰它，然后暗地里派人在钟上涂满墨汁。

接着，陈襄让那些嫌疑人挨个儿把手伸进遮着的布里面去摸钟。所有的人都摸过了，但钟并没有响，大家都松了一口气。没想到，陈襄说："你们把刚才摸钟的手都伸出来让本官看看。"几个嫌疑人都把手伸出来，只见大多数人手上都沾上了墨汁，唯独有一个人手上干干净净的。

"你就是偷东西的贼！"陈襄指着那个人说。

"为什么说是我？钟根本就没有响啊！"那个小偷虽然心虚，但嘴上仍是不肯承认。

"你怕钟发出声音，所以没敢去摸。这口钟上已经涂上了墨汁，摸过的人手上都沾了墨，但你手上却一点儿都没有。"

这个人无话可说，只好承认了偷东西的事实。

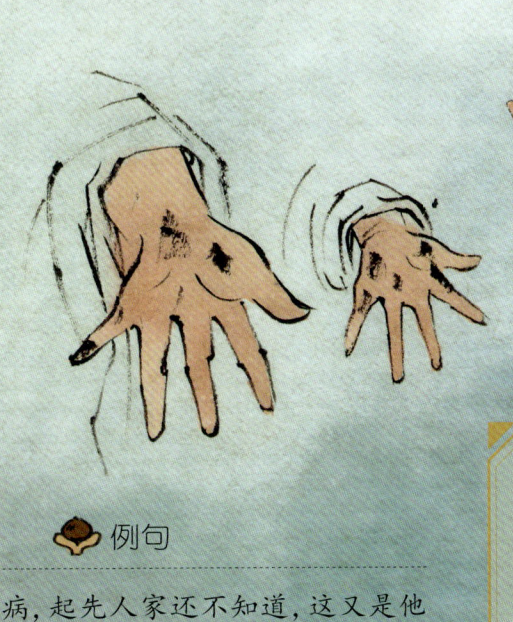

情绪和神态 / 不安·做贼心虚

例句

● 这个毛病，起先人家还不知道，这又是他们做贼心虚弄穿的。(清·吴趼人《二十年目睹之怪现状》)

● 那个骗子做贼心虚，在街上看到警察就以为是来抓他的。

成语个性

《梦溪笔谈》是我国古代一部重要的笔记体著作，记载了我国古代大量的自然科学、工艺技术知识和文史掌故资料，如北宋时期毕昇发明的泥活字印刷术。作者是宋代著名的思想家、科学家沈括。

方寸大乱
fāng cùn dà luàn

晋·陈寿《三国志·蜀书·诸葛亮传》：『今已失老母，方寸乱矣，无益于事，请从此别。』

释 方寸：指心思、心绪。指心绪非常烦乱。

近义 心乱如麻 六神无主 心神不定　　**反义** 泰然自若 安之若素 处变不惊

　　徐庶是三国时期著名的谋士。他胸怀大志、文武双全，从年轻的时候就勤学苦练，掌握了一身治国用兵的本领。

88

在各路英雄中,徐庶认为刘备这个人志向很大,并且礼贤下士、善于用人,于是决定去投靠他。当时刘备刚刚打了败仗,正在努力结交名士,吸引人才,以图恢复实力,东山再起。颇有名气的徐庶这个时候前来拜见,让他大喜过望。

刘备非常欣赏徐庶的才干和人品,当即决定聘请他为军师,委以重任。徐庶不但凭借出色的谋略帮助刘备取得了不少战役的胜利,而且向刘备推荐了当时还名不见经传的谋士诸葛亮。

过了一年,曹操率领大军南下,势力弱小的刘备寡不敌众,大败而逃,徐庶的老母亲也不幸被曹军俘虏。

曹操知道刘备有徐庶这么一位了不起的谋士,就想把他收为己用,可是又听说徐庶性情刚直、疾恶如仇。怎样才能让他心甘情愿为自己效力呢?曹操得知,徐庶这个人平生最孝顺老母亲,现在他的母亲就在自己手里,如果冒用老太太的名义给徐庶写一封信劝他归顺,他一定会听从。

徐庶收到书信,得知母亲已经落入曹操手中,再看信中尽是劝自己投降的话,便知道这一定是曹操的诡计。可如果自己不去,母亲的性命必然会受到威胁。

万般无奈之下,徐庶只得含泪向刘备辞行。他用手指着自己的胸口说:"我内心这方寸之地,原本只想着要辅佐主公夺取天下。可是现在,老母亲不幸被曹操俘虏,我的心已经乱了,实在没有办法安定下来。好在诸葛先生的才能远在我之上,有他辅佐您,我就放心了。徐庶就此告辞了!"

刘备当然舍不得徐庶离开自己,但他知道徐庶是出了名的孝子,不忍心看到他们母子分离,只好含泪送走徐庶。

徐庶归顺以后,曹操很想重用他。可徐庶内心依然是倾向于刘备的,尽管他有着出色的谋略和才华,却不愿意为曹操出谋划策,一直沉默不语,所以后来民间有了"徐庶进曹营——一言不发"的歇后语。

例句

> 李锐正在客厅里玩电子游戏,突然听到用钥匙开门的声音,顿时方寸大乱。

> 他遭到这突如其来的打击,方寸大乱,不知如何是好。

成语个性

这个成语原本为"方寸已乱",后来逐渐演变成"方寸大乱"。

惊慌失措

jīng huāng shī cuò

唐·李百药《北齐书·元晖业传》："孝友临刑，惊惶失措，晖业神色自若。"

释 失措：举止失去常态。由于慌张害怕而举止失常，一下子不知该怎么办才好。

近义 惊惶失色 六神无主 手足无措

反义 从容不迫 面不改色 泰然自若

南北朝时期，北齐有两个大臣，一个叫元晖业，一个叫元孝友。

元晖业这个人志向很大，年轻的时候行侠仗义，后来弃武从文，刻苦读书。他为人正直，十分有骨气，缺点是性格暴躁。因为脾气不好，他常常出言不逊，所以一直遭到皇帝和权臣的猜忌。

元孝友则不太一样，他性情温和、与人为善，可就是比较懦弱，喜欢小恩小惠，奉承别人，因此经常被人讥笑。

当时官场上势力最大的人名叫元韶，他是当时有名的美男子，还是皇帝的姐夫，靠着阿谀奉承爬上了高位。

这三个人都是北魏的皇族，后来北魏分裂为东魏和西魏，北齐取代东魏后，这些人就成了北齐的大臣。

北齐的开国皇帝叫高洋，他性情残暴，刚愎自用，动不动就要杀人。他当上皇

02 情绪和神态 / 慌张·惊慌失措

帝后,整天疑神疑鬼,担心自己哪一天就被推翻了。有一次,他召集身边的大臣,问了他们一个问题:"众位爱卿,你们谁能说一说,汉光武帝刘秀为什么能打下江山,复兴汉朝?"

大臣们都答不上来。只有元韶一人回答道:"陛下,臣以为,汉光武帝之所以能够当上皇帝,实现中兴大业,不是因为别的,就是因为当初王莽篡位的时候,没有把天下姓刘的全都杀干净,这才留下心腹大患。"高洋听了这话,觉得很有道理。其他人听了,都倒吸了一口凉气。

又有一次,元晖业、元孝友和元韶等人一同陪着皇帝出行。元晖业向来看不惯元韶的为人,于是骂他说:"看你那卑躬屈膝的样子,还不如个老太太,竟然把国家的玉玺送给别人!我今天说出这样的话,知道肯定会被杀死,但你又能多活几天呢?"

这话被高洋听到了,他勃然大怒,下令处死元晖业。盛怒之际,又看到元孝友在一旁,他想:"这姓元的都不是什么好东西,我不杀他,恐怕日后也要与我为敌,一起杀了吧!"

临刑之时,元孝友惊慌失措,害怕得浑身发抖。可是,元晖业却神色自若,从容就义,至死还在大骂元韶、高洋。

成语个性

也可以写作"惊惶失措"。

例句

🍂 敌人不知哪里来的枪响,顿时惊慌失措。(茹志鹃《三走严庄》)

🍂 在地震面前,同学们没有惊慌失措,而是按照老师教过的逃生守则,有秩序地撤出了教学楼。

神色自若

唐·房玄龄《晋书·王戎传》:"众皆奔走,戎独立不动,神色自若。"

释 自若:不改变常态。神情面色不改常态。形容在紧张或危急的情况下能保持镇定。

近义 泰然自若 面不改色 处变不惊　**反义** 惊慌失措 六神无主 面如土色

　　王戎是魏晋时期人,他出身名门望族,外表英俊,神采飞扬,头脑更是十分聪慧,从小就是有名的神童。

　　有一次,王戎和小伙伴们一起外出玩耍,看到路旁有一棵李子树,树上结满了李子。小伙伴们一见,纷纷爬上树去摘李子,只有王戎没有去。旁边的人问他:"你怎么不去摘李子?"王戎说:"这棵李子树就长在人来人往的大路边,树上的李子竟然还没被人摘光,说明这李子是苦的,不好吃。"小伙伴们摘下李子一尝,马上"呸、呸"吐了出来,这李子果然是苦的。

　　王戎不仅聪明,也很有勇气。六七岁的时候,家人带他去看驯兽表演。场上,一只珍贵的老虎放在笼子里供人们观赏。这老虎在笼子里待得不耐烦,发出一声咆哮,那可真是惊天动地。旁边围观的人们,不管是达官贵人还是平民百姓,听到这一声咆哮,都吓得心惊胆战,急忙拔腿就跑,乱成一团。

等到回过神来,大家惊讶地发现,老虎笼子前面还站着一个小孩。看他的样子,仿佛一点儿也没有受到老虎的惊吓,<u>神态和面色就像平时一样平静</u>,正全神贯注地盯着笼子里面看呢!这个小孩就是王戎。

很快,这件事一传十、十传百,京城的人们都知道这个小孩不同寻常,大家佩服王戎小小年纪竟然如此镇定,连大人也比不上。

皇帝听说了这件事,感叹道:"这个小孩如此不同凡响,长大以后必定会有一番大作为。"果然,王戎后来成了魏晋时期著名的官员和学者,是当时的七位名士——"竹林七贤"之一。不管是在朝为官,还是指挥打仗,他永远都是神色自若,好像从来没有过害怕的时候。

02 情绪和神态 / 从容・神色自若

例句

- 天明而秀兵至,机释戎服,着白恰(qià)与秀相见,神色自若。(唐·房玄龄《晋书·陆机传》)
- 在土匪头子座山雕的严词逼问下,杨子荣依旧神色自若,经受住了考验。

如释重负
rú shì zhòng fù

战国·榖(gǔ)梁赤《榖梁传·昭公二十九年》:"昭公出奔,民如释重负。"

释 释:放下。重负:重担。像放下了沉重的担子一样轻松。形容人在解除负担或摆脱困扰后轻松愉快的心情。

近义 轻装上阵　　**反义** 如牛负重

春秋时期，鲁昭公在位时，鲁国的大权掌握在季孙氏、叔孙氏和孟孙氏这几个权臣手里，他们被称为三卿。其中，季孙氏的名望最高，权力最大，国君几乎成了他的傀儡。

鲁昭公生性软弱，又十分贪图享受，每天吃喝玩乐，不理国政。有一位老臣见到鲁昭公不成器的样子，心里非常忧虑，就向鲁昭公进谏道："主公，季孙氏在朝廷上大权独揽，恐怕是想要篡夺您的位置。这样下去，鲁国江山不保，请您赶快振作起来，巩固公室的力量，免得被他得逞啊！"

日子久了，鲁昭公自己也觉得，季孙氏的势力越来越大，对自己形成了严重的威胁。于是，他开始暗地里盘算，寻求时机打击季孙氏。

终于，机会来了。有几位大臣平时与季孙氏不和，打算除掉他，就进宫来拜见鲁昭公。鲁昭公十分高兴，便和他们一起商量除掉季孙氏的计划。不久，鲁昭公找了个借口，派兵包围了季孙氏的府宅。季孙氏一时措手不及，只好暂时固守在自己的家里。他向鲁昭公请求道："主公，只要您放我一条生路，我愿意辞掉职务，甚至从此离开鲁国都可以。"

但鲁昭公想要斩草除根，非要把季孙氏杀掉不可。叔孙氏和孟孙氏听说了这个消息，心中忐忑不安，他们商量道："季孙氏这样卑微地请求主公放了他，主公都不同意。如果季孙氏被杀死，那么接下来一定就会轮到我们了。不如我们先下手为强，出兵支援季孙氏吧！"

于是，叔孙氏和孟孙氏调动人马，向鲁昭公的军队展开了攻势。鲁昭公的军队没有什么战斗力，见大军冲过来，立刻四散逃走。叔孙氏和孟孙氏把季孙氏救了出来，还杀死了鲁昭公手下的几个大臣。

鲁昭公见三卿的大军已经联合起来，知道大势已去，只好逃出鲁国避难。由于鲁昭公早已失去了民心，因此百姓并不同情他，反倒非常高兴，觉得好像放下了沉重的担子一般。

例句

- 他也不知道自己怎么敢说得这样尖锐，但是终究说出来了，他有一种如释重负的感觉。（王蒙《组织部来了个年轻人》）
- 在学校和警方的共同努力下，走失的同学终于找到了，大家全都如释重负地松了一口气。

声色俱厉

唐·房玄龄《晋书·明帝纪》:"(王敦)大会百官而问温峤曰:'皇太子以何德称?'声色俱厉,必欲使有言。"

释 形容说话时的语气和神色都十分严厉的样子。

近义 疾言厉色 正颜厉色　　**反义** 和颜悦色 和蔼可亲

晋明帝司马绍小时候就十分聪明,受到父亲晋元帝的宠爱。有一次,有人从长安来,晋元帝就问司马绍:"小子,你说,天上的太阳和长安,哪一个离咱们更远?"

司马绍回答道:"当然是太阳离咱们更远,因为从来没有听说过哪个人是从太阳那里来的,可想而知太阳非常远。"晋元帝听了之后很满意。

第二天,晋元帝大宴群臣,又把司马绍叫来问他这个问题。可是,这次司马绍却回答:"长安远,太阳离咱们更近。"

晋元帝很诧异,脸色一变,说:"小子,怎么和昨天回答的不一样呢?"

司马绍恭恭敬敬地回答道:"儿子回去又想了想,抬头就能看见太阳,却看不见长安,因此长安离咱们更远才对。"

司马绍小小年纪,口才居然如此伶俐,这让晋元帝很是惊奇,在场的群臣也纷纷点头称赞,都认为他是个神童。

晋元帝立司马绍为太子。司马绍为人贤明正直,而且学识渊博、武艺高强,把当时许多有才识的大臣都当成自己的良师益友,十分亲近看重,虚心向他们请教治理国家的学问。同时,他还非常爱护百姓,对于普通将士的生活特别关心,天下的人才也都纷纷赶来投奔。

大将军王敦专横跋扈,起兵作乱,企图篡夺帝位。司马绍听说后大怒,准备亲自率领军队与王敦交战,幸好大臣温峤(qiáo)拦下了他,并拔剑砍断了司马绍的马缰绳。司马绍这才作罢。

02 情绪和神态 — 严厉·声色俱厉

司马绍智勇双全、谋略过人，大家都从心里钦佩他、拥护他，这让王敦十分忌惮。他打算编造罪名废黜（chù）司马绍的太子之位，于是召集百官，威逼大家："太子有什么功德，能当上太子？"语气和态度都十分严厉，一定要让众人说出不利于司马绍的话。

这时，温峤站出来高声回答道："太子参与政事以来，每天探讨的都是高深的治国之道，使国家长治久安，这不是你这种见识短浅的人所能理解的。太子当然有资格当太子，你又有什么资格在这里质问大家呢？"

大臣们听了这话，都认为温峤说得有道理，王敦的阴谋因此没能得逞。晋元帝去世后，司马绍继位为晋明帝，他很快就平定了王敦之乱，使晋王室转危为安。

🔸 例句

🔹 世蕃愕然，方欲举手推辞，只见沈链声色俱厉道："此杯别人吃得，你也吃得。"（明·冯梦龙《喻世明言》）

🔹 孩子犯了错误是应该批评教育，可也犯不着这么声色俱厉吧！

扬扬自得
yáng yáng zì dé

汉·司马迁《史记·管晏列传》:"拥大盖,策驷马,意气扬扬,甚自得也。"

释 扬扬:得意的样子。形容十分得意、神气十足的样子。

近义 沾沾自喜 扬扬得意 得意忘形　　**反义** 垂头丧气 怏怏不乐 愁肠百结

晏婴是春秋时期齐国的宰相,他身材矮小、其貌不扬,却才智超群、谦虚稳重、清正廉明,很受百姓的爱戴,国君也十分器重他。

晏婴手下有一个车夫,身材高大、仪表堂堂,能给晏婴这么了不起的大人物赶车,让车夫感到非常自豪。时间一长,车夫变得骄傲起来。他觉得,既然自己能给宰相赶车,那说明自己也是个了不起的人物。晏婴坐着他赶的车去上朝,人们看见了,都恭恭敬敬地向晏婴鞠躬问好,车夫坐在晏婴身边,觉得那些人也是在向他毕恭毕敬地问好呢,心里美滋滋的。

车夫心想:"我这么厉害,可是我老婆还经常笑话我没出息,下次一定要让她好好看看我的英姿。"

于是,有一天,车夫特意驾车从自己家门前经过。他坐在大车的车盖下,高高地挥动鞭子赶着车前的骏马,一副神气十足的样子,十分得意。

他的妻子恰好从门缝里看到了车夫扬扬自得的样子，不但没有替他感到高兴，还非常反感他的所作所为。

这天晚上，车夫刚刚回到家，妻子就提出要和他离婚。车夫觉得莫名其妙，就问妻子发生了什么事。妻子回答说："你今天赶车路过家门口，那副得意扬扬的尊容，简直令人作呕。你看看人家晏婴大人，身高不过六尺，却做了国家的宰相，不但德高望重，而且从不骄傲自满。可你呢？你一个堂堂八尺男儿，却不过是人家的车夫，居然还这么神气十足地到处炫耀，好像你比晏婴大人还了不起似的！"

车夫听了妻子的话，明白了自己的错误，向妻子认了错。从此以后，他像是变了一个人一样，每天踏踏实实工作，态度也变得谦恭有礼起来。

晏婴发现了车夫的变化，觉得有些奇怪，就问他是怎么回事，他把事情原原本本地说了。晏婴听后很有感触，他认为车夫知错能改，是个可用之才，于是就提拔他做了官。

02 情绪和神态 / 得意·扬扬自得

例句

- 郭标吹着口哨，扬扬自得地打他们面前走过。（欧阳山《三家巷》）
- 今天思宇回到家，一副扬扬自得的样子，原来他这次考试得了一百分。

成语个性

也写作"洋洋自得"。

得意忘形

dé yì wàng xíng

唐·房玄龄《晋书·阮籍传》："嗜酒能啸，善弹琴，当其得意，忽忘形骸。"

释 形容人高兴得忘乎所以，失去常态。也比喻在文艺创作中取其精神而舍其形式。

近义 忘乎所以　趾高气扬　自鸣得意

反义 垂头丧气　心灰意冷　郁郁寡欢

　　魏晋时的阮籍是中国古代著名的文人。他年轻的时候，曾经到处游历。有地方官员邀请他见面，在宾客面前，阮籍常常连一句话也不说，人们都说这个年轻人深不可测。朝廷多次让阮籍出来做官，他总是干了没几天就称病回家了。

　　阮籍本来是个很有抱负的人，希望自己在政治上能有一番作为，但他对当时执政的司马氏家族非常不满，又不敢明确地表达自己的见解和主张，只好故意不问时事，采取明哲保身的态度。他有时闭门读书，一连几个月不出门；有时游山玩水，一连好多天都忘了回来；更多的时候是纵情饮酒，常常喝得酩酊（mǐng dǐng）大醉。

　　阮籍虽然性格豪放、不拘小节，说话却特别谨慎，从来不随便评论别人的好坏。他有一个特别的习惯，见到他瞧不起的人，他就会用白眼珠朝着那个人。有一次，有个大官特地来拜访阮籍。阮籍嫌这个人俗不可耐，对他很不以为然，于是就用白眼看他。这个人自讨没趣，很不高兴地离开了。过了不久，阮籍的好朋友嵇康也来拜访，还带来了他最喜欢的酒和琴。阮籍一见嵇康，非常高兴，马上青眼相待。青眼就是黑眼珠，青眼看人就是指正视对方。后来人们用"青眼""青睐""垂青"等词表示对人的喜爱或重视，都是来自阮籍的典故。

阮籍和另外六位著名的文人隐士是非常要好的朋友，他们经常聚在一起，在竹林之中喝酒、作诗、弹琴、聊天，当时的人们都称他们为"竹林七贤"。阮籍高兴的时候就放声大笑，悲伤的时候就痛哭一场。他快乐的时候，就连自己长什么样子都给忘了。和这些朋友在一起的时候，是他一生中最快乐的时光。

情绪和神态 / 得意·得意忘形

例句

- 五多高兴到得意忘形，放下碗筷唱将起来。（沈从文《丈夫》）
- 他听了几句恭维话，就显出一副得意忘形的样子来。

成语个性

这个成语原本指文人或艺术家领会到了事物的内在精髓，感到无比的喜悦，以至于失去了常态，这是一种很高的境界，并不是贬义词。后用来讽刺那些浅薄无知的人稍稍得志，就表现出一副高兴得忘乎所以的样子，为贬义。

旁若无人 páng ruò wú rén

汉·司马迁《史记·刺客列传》："已而相泣，旁若无人者。"

释 好像身边没有其他人一样。形容为人傲慢无礼，不把别人放在眼里。也形容自行其是，不被他人所左右。

近义 目中无人 目空一切 妄自尊大

反义 虚怀若谷 谦虚谨慎 屈己下人

战国末年的荆轲是历史上著名的剑客，他最喜欢干的事情是练习剑术，年轻的时候云游四方，到处和别人比试武艺。他一心想要建功立业，曾经带着剑去投靠各国的国君，但都没有得到赏识，有时还被人家直接赶出门去。

有一次，荆轲漫游到现在山西的一个地方，听说这里是名闻天下的大剑客盖聂的家乡，就去拜访盖聂。

他来到盖聂家中，也不打招呼，就冒冒失失地坐下，一开口就同盖聂谈论剑术。盖聂心想，这个人简直是莫名其妙，听荆轲说了几句，便听不下去了，对他怒目而视。荆轲见盖聂对自己是这样的态度，便头也不回地离开了。

02 情绪和神态 / 傲慢·旁若无人

荆轲离开后，有人劝盖聂再把荆轲叫回来。盖聂说："他来和我谈论剑术，但我俩话不投机，我用眼睛瞪了他，他现在应该已经走远了，他是害怕我了，不敢再待在这里。"有人去打听荆轲的下落，果然他已经走了。

又有一次，荆轲漫游到河北的邯郸，偶遇一个名叫鲁勾践的熟人，闲来无事，二人打赌作乐，结果起了争执。鲁勾践发起怒来，大声呵斥荆轲，荆轲又悄悄溜走了，从此两人再也没有相见。

很多年过去了，荆轲受过不少委屈，吃了不少苦头，依然是孤零零地一个人在江湖上漂泊。幸运的是，他终于交到了情投意合的朋友。

那是荆轲来到燕国以后的事了。他经常到街市上去闲逛，结识了两个人，一个是卖肉为生的无名屠户，另一个是擅长击筑（古代的一种乐器）的名叫高渐离的侠士。久而久之，他们便成了十分要好的朋友。三人都非常喜欢喝酒，经常一起在街市上痛饮，喝到似醉非醉的时候，高渐离击筑，三人便和着节拍唱起歌来，不一会儿又大声哭泣，好像身边没有其他人一样。路过的人看他们，以为他们病得不轻，其实是因为无法理解他们内心的悲哀和沉重。

此后不久，荆轲接受了燕太子丹的任用，被派去刺杀秦王。行动失败，荆轲再也没有回来。高渐离去给自己的朋友报仇，想要用灌了铅的筑把秦王砸死，也没有成功，被杀掉了。

例句

- 她的脸微微仰起，车上男人的目光在她脸上流连忘返，可是她的表情旁若无人，似乎正在想着什么。（余华《第七天》）
- 在公共场所旁若无人地大声说笑，是非常不文明的行为。

成语个性

这个成语的原意是形容人在某种情境下精神十分投入，以至于没有感觉到他人的存在，态度十分从容、自然、平和，显然属于褒义词或者中性词。而它在后世却经常被用来讽刺那些傲慢无礼的人，感情色彩变成了贬义。

趾高气扬

zhǐ gāo qì yáng

春秋·左丘明《左传·桓公十三年》:"莫敖必败,举趾高,心不固矣。"

释 趾:脚趾,这里指脚。走路时脚抬得很高,神气十足。形容骄傲自大、得意忘形的样子。

近义 高视阔步 盛气凌人 不可一世　　**反义** 卑躬屈膝 妄自菲薄 低声下气

春秋时期,楚国有个叫屈瑕的将军。这个人武艺高强,作战十分英勇,但他的缺点是有勇无谋,做事不够稳重,只要稍微做出一点儿成绩,就容易骄傲自满。有一次,屈瑕打了一场大胜仗,从此就扬扬自得起来,再也不把朝廷上的其他人放在眼里了。

不久,楚王再一次派屈瑕率领大军去攻打别的国家,一位名叫斗伯比的老臣去为他送行。斗伯比看到屈瑕一副不可一世的样子,对身边的人说:"你们瞧,屈将军走路都把脚抬得高高的,多么神气,这是心里骄傲、浮躁的表现。他完全没有把敌人放在心上,这次作战一定会失败!"

送行回来之后,斗伯比立刻进宫拜见楚王,对楚王说:"大王,老臣请您马上派兵增援屈将军,否则后果不堪设想!"

楚王没有同意斗伯比的意见。回到宫中,他把这件事讲给夫人邓曼听:"你说斗伯比这老头儿是不是老糊涂了,我明明已经把所有部队都派出去了,他还让我再派兵增援屈瑕。再说了,屈瑕勇猛无敌,还用得着增援吗?"

邓曼想了一下,说:"大王,我看斗伯比大人的意思并不在于让你派援军,而是说屈将军这个人自以为是,凭借着以前的战功,一味地独断专行,这样是要犯轻敌的大忌的。您应该严厉地告诫他,必要的时候要惩罚他、教训他,不然他永远意识不到自己的弱点,一定会导致失败!"

楚王听了这话,方才恍然大悟,明白了斗伯比的一番苦心。他赶快派人去把屈瑕追回来,希望能够挽回局势,但是没有追上。

屈瑕率领人马到达战场,由于他没有充分了解敌情,又听不进去部下的意见,遭到敌军的围攻,结果大败而逃。屈瑕没有脸面回到楚国,就逃到一个山谷里面上吊自杀了。

楚王得知消息后，悲痛地说："这是我的罪过。都是因为我没有多听大家的意见，轻信了屈瑕，才导致了今天的惨败啊！"

02 情绪和神态／傲慢·趾高气扬

🌰 例句

🔸 老正说话时，便来了两个人，都是趾高气扬的，嚷着叫调桌子打牌。（清·吴趼人《二十年目睹之怪现状》）

🔸 他刚刚被提拔成一个小领导，立刻就神气十足、趾高气扬起来了，这样的人以后也不会有什么大的作为。

成语个性

"趾高气扬"与"高视阔步"虽然是近义词，但还是有所区别。前者只能用来形容态度傲慢的样子，而后者既可以形容态度傲慢，也可以形容气度不凡，不一定是贬义词。另外要注意，"趾高气扬"的"趾"不要写成"指"。

盛气凌人
shèng qì líng rén

汉·刘向《战国策·赵策四》:"左师触龙愿见太后,太后盛气而揖之。"

释 盛气:骄横的气势。凌:侵犯,欺侮。以骄横的气势欺压别人。形容傲慢自大、气势逼人。

近义 咄咄逼人 飞扬跋扈 颐指气使　　**反义** 平易近人 和蔼可亲 毕恭毕敬

有一年,秦国派出大军攻打赵国。这时的赵国是太后执掌军政大权。赵太后一见大事不妙,急忙向齐国请求援助,但齐国提出:"要想让我们出兵,除非太后把小儿子长安君派到齐国来当人质。"

02 情绪和神态 / 傲慢·盛气凌人

赵太后当然舍不得把最宠爱的孩子送去当人质。大臣们纷纷劝太后答应齐国的条件，赵太后执意不肯，还放出狠话来："再有谁扬言要派长安君去当人质的，别怪我老太婆朝他脸上吐唾沫！"

这时，一位名叫触龙的老臣前来拜见赵太后。赵太后以为他也是来劝自己的，于是摆出一副傲慢无理的样子，怒气冲冲地等着他。不过触龙来后，跟太后聊的都是一些家常话，并没有提长安君的事，赵太后的态度渐渐缓和下来。

触龙接下来说道："我有一个小儿子，不成器，可是我很疼爱他，今天来这里，是想冒死请求，希望太后能把他安排在宫中的卫队里当差。"

赵太后一听，原来触龙是为这事而来的，心里更放心了，就说："当然可以了，这有什么难的。你们男人也疼爱小儿子吗？"

触龙说："比起妇人来，还要有过之而无不及。"

赵太后笑着说："这方面你们可比不了我们做母亲的！反正我向来是最疼爱我的小儿子长安君的。"

触龙想了想，说："未必如此吧！依我看来，您疼爱您的女儿就超过了长安君。"

"不会吧，怎么可能？"

"父母疼爱子女，就得为他们考虑得长远些。想当初您的女儿出嫁到燕国，您伤心得痛哭流涕。她出嫁后，您每天都在惦念她，而且每当祭祀的时候您都要为她祈祷，求上天保佑她在那边安安稳稳地生活，生几个孩子，以后可以继承燕国的王位。这样看来，您正是在为女儿作长远的打算啊。然而您又是怎么对待长安君的呢？没错，您给了他高官厚禄和无数的金银财宝，却没有给他为国立功的机会。这样下去，以后他必定是一点儿成就、一点儿威望也没有。一旦您不在了，长安君在赵国还能站稳脚跟吗？您这样做，不但不是爱他，反而是害了他。您为女儿打算得长远，却丝毫没有考虑到长安君的前途，所以说您爱女儿更多一些。"

赵太后这才明白触龙的一片苦心，于是给长安君准备了一百辆车子，送他到齐国去当人质。齐国的救兵果然如约而至。老百姓听说齐国的援军是长安君做人质换来的，心中都对他十分感激。

🌰 例句

🍂 潘信诚看马慕韩和冯永祥那股盛气凌人的样子，厌恶地闭上了眼睛。(周而复《上海的早晨》)

🍂 对别人盛气凌人的人，想想看，如果有一天别人也用这样的态度对待你，你会舒服吗？

咄咄逼人
duō duō bī rén

南朝宋·刘义庆《世说新语·排调》:"殷有一参军在坐,云:'盲人骑瞎马,夜半临深池。'殷曰:'咄咄逼人!'仲堪眇(miǎo)目故也。"

释 咄咄:叹词,表示感叹或惊诧。形容言辞尖利、气势逼人,使人难以承受。也形容本领超越前人,令人赞叹。

近义 盛气凌人 不可一世 来势汹汹

反义 平易近人 和风细雨 和颜悦色

东晋时,有一次,桓玄、顾恺之和殷仲堪等几个文人围坐在一起谈笑取乐。大家商量了一下,觉得与其随便闲聊,不如做个文字游戏,还可以活跃一下气氛。

顾恺之提议:"咱们来说'尽头话',怎么样?"

大家就问:"什么叫'尽头话'呀?"

顾恺之说:"一句话说出来,就代表着一件事情到了尽头、结束了,这样的话就叫作

'尽头话'。"

大家还是不太明白。顾恺之说："没关系，我先来个示范，你们一听就懂了。我说，烈火烧光了平原，什么也没有剩下。"

众人听了，大概明白了是什么意思。接下来轮到桓玄说了："用白布裹起了棺材，打起旗子来举行葬礼。"

殷仲堪接着说："把鱼放回深渊，把飞鸟放回山林。"

大家都说完了，顾恺之说："这一次，咱们换个说法，不说'尽头话'了，改说'怕人话'。"

大家心想，顾恺之的鬼点子还真是不少，于是又问："顾先生，这'怕人话'又是怎么个说法呢？"

顾恺之说："一句话举出一件危险的事情，说出来令人担心害怕，这就叫'怕人话'。既然是我提议的，我先来一个：井口的辘轳上，睡着一个婴儿。"

桓玄说："在矛头上淘米，在剑尖上煮饭。"

殷仲堪说："百岁的老翁爬到树头的枯枝上。"

说到这里，围坐在一旁的众人中有人接了一句："盲人骑瞎马，夜半临深池。"

这句话本来接得很漂亮，比前面几个人说得都好，然而不巧的是，殷仲堪恰好就有一只眼睛是瞎的。他听了这句话，面子上十分难堪，又不好当众发怒，只好自嘲地说："是谁对的句子？可真是咄咄逼人啊！"

02 情绪和神态 / 傲慢·咄咄逼人

成语个性

这个成语还可以用来形容某种形势发展给人带来压力，如"咄咄逼人的商业竞争""他在艺术造诣上进步很快，咄咄逼人"等。"咄咄"指的是感到惊诧时发出的声音，注意不要读成二声。

例句

🍂 墩子忽然觉得自己打错了主意，很是惶然，不敢看师长咄咄逼人的目光，垂下了头。（贺绪林《昨夜风雨》）

🍂 他说话的口气咄咄逼人，经常使别人感到十分难堪。

109

附录 分类成语 01 写人和描景

容貌

眉目如画	国色天香	有模有样		大家闺秀	獐头鼠目
眉清目秀	秀色可餐		才貌双全	月里嫦娥	青面獠牙
朗目疏眉	如花似玉	冰肌玉骨	秀外惠中	绝代佳人	蜂目豺声
朱唇粉面	人面桃花	吹弹得破	秀外慧中	窈窕淑女	歪瓜裂枣
朱唇皓齿	杏脸桃腮	粉妆玉砌	金相玉质		面目可憎
蛾眉皓齿	艳如桃李	粉妆玉琢		翠消红减	怪模怪样
明眸皓齿	花容月貌	肤如凝脂	面如冠玉	须眉皓然	人模狗样
齿若编贝	玉貌花容		（16）	朱颜鹤发	
唇红齿白	沉鱼落雁	顾盼神飞	珠玉在侧	鹤发鸡皮	一笑千金
韶颜稚齿	（12）	顾盼生姿	（18）	蓬头历齿	（24）
绿鬓朱颜	闭月羞花	顾盼生辉	相貌堂堂		嫣然一笑
天生丽质	桃羞杏让	明眸善睐	掷果潘安	须髯如戟	莞尔而笑
天姿国色	燕妒莺惭	盈盈秋水	（20）	燕颔虎颈	红光满面
国色天姿	楚楚动人	双瞳剪水	傅粉何郎	豹头环眼	容光焕发
倾国倾城	楚楚可怜	炯炯有神	白面书生	金刚怒目	音容笑貌
（10）	我见犹怜	目光炯炯	（22）		一颦一笑
	徐娘半老，	目光如炬		贼眉鼠眼	其貌不扬
	风韵犹存	（14）	小家碧玉	尖嘴猴腮	平头正脸

体态

	娇小玲珑	生龙活虎	心宽体胖	柴毁骨立	脚不点地
	小鸟依人	身强力壮	脑满肠肥	形销骨立	龙骧虎步
……娇美……	亭亭玉立	彪形大汉	（28）	香消玉减	蹑手蹑脚
环肥燕瘦	袅袅婷婷	虎背熊腰	大腹便便	衣带渐宽	鹅行鸭步
（26）	袅袅娉娉	虎头虎脑	……瘦弱……	蒲柳之姿	雍容雅步
燕瘦环肥	翩若惊鸿	铜筋铁骨	形容枯槁	枯木朽株	步履蹒跚
出水芙蓉	仙姿玉貌	铜头铁臂	面黄肌瘦	弱不禁风	步履维艰
绰约多姿	千娇百媚	膀大腰圆	鸠形鹄面	弱不胜衣	东倒西歪
仪态万方	憨态可掬	五大三粗	骨瘦如柴	……步态……	……做作……
婀娜多姿	吹气如兰	短小精悍	瘦骨嶙峋	步步莲花	扭扭捏捏
风姿绰约	……健壮……	……肥胖……	瘦骨伶仃	大步流星	忸怩作态
丰姿绰约	鹰扬虎视	心广体胖	哀毁骨立	健步如飞	搔首弄姿

01 写人和描景

附录 分类成语

仪表

……风度……
风华绝代
风华正茂
古貌古心
一表非凡
一表人才
人才出众
惨绿少年
仪表堂堂
雍容华贵
温柔敦厚
温文尔雅
文质彬彬

彬彬有礼
雄姿英发
英气逼人
英气勃勃
英姿勃发
英姿焕发
英姿飒爽
飒爽英姿
泱泱大风
风度翩翩
八面威风
威风凛凛
风流人物
风流倜傥
名士风流

龙章凤姿
气宇不凡
器宇不凡
气宇轩昂
器宇轩昂
气吞山河
气壮山河
气冲霄汉
气贯长虹
神采飞扬
神采焕发
神采奕奕
神清骨秀
光彩夺目
光采夺目

光彩照人
光采照人

……打扮……
被发文身
断发文身
被发左衽
乔装打扮
傅粉施朱
施朱傅粉
涂脂抹粉
浓妆艳抹
淡妆浓抹
油头粉面
素面朝天
珠围翠绕

珠光宝气
花枝招展

……衣着……
峨冠博带
褒衣博带
衣冠楚楚
霓裳羽衣
奇装异服
青鞋布袜
布袜青鞋
布裙荆钗
荆钗布裙

短褐穿结
衣衫褴褛

衣衫蓝缕
鹑衣百结
拖天扫地

不修边幅（30）

衣不蔽体
一丝不挂
身无寸缕
赤身裸体
袒裼裸裎
蓬头垢面
灰头土脸
科头跣足
蓬头跣足
披头散发

行为动作

上蹿下跳

上窜下跳
动如脱兔
龙腾虎跃
饿虎扑食

横冲直撞
极目远眺
挤眉弄眼
嬉皮笑脸

探头探脑
摇头晃脑
东张西望
摇头摆尾

前仰后合
金鸡独立
四脚朝天
四马攒蹄

席地而坐
一举一动
言谈举止
举手投足

环境

万籁俱寂
悄然无声

悄无声息
寂然无声
阒然无声
阒无人声

鸦雀无声
无声无息
夜深人静
夜阑人静

更深夜静
夜静更深
门可罗雀
沁人心脾

纤尘不染
一尘不染
一干二净
窗明几净

声音

天摧地塌
山崩地裂

地裂山崩
天崩地裂
天崩地坼
震天动地

震耳欲聋
如雷贯耳
响彻云霄
龙吟虎啸

声如洪钟
鼻息如雷
声嘶力竭
如泣如诉

瓮声瓮气
人声鼎沸
不绝于耳
不绝如缕

清耳悦心

111

01 写人和描景

附录 分类成语

地理

……邻近……
一箭之遥
一衣带水（32）
犬牙交错（34）
犬牙相错
近在咫尺
咫尺之遥
……遥远……
地角天涯
天涯地角
天涯海角
海角天涯

山南海北
千里迢迢（36）
关山迢递
关山阻隔
山长水远
山长水阔
殊方绝域
九霄云外
……偏远荒凉……
渺无人烟
杳无人迹
杳无人烟
荒无人烟
人迹罕至
鸡犬不闻

穷山恶水
穷乡僻壤
不毛之地
深山穷谷
……地势险要……
表里山河
龙盘虎踞（38）
丸泥封关
一夫当关，万夫莫开
一夫当关
……广阔……
地大物博
地广人稀
无边无际

一望无际
一马平川
天高地厚
天覆地载
天高地迥
碧落黄泉
海阔天空
漫无边际
沃野千里
举目千里
……狭小……
一隅之地
尺寸之地
弹丸之地
立锥之地（40）

立足之地
一席之地
容膝之地
蕞尔弹丸
方寸之地
……道路……
康庄大道
通衢广陌
羊肠鸟道
羊肠小道
阳关大道
迂回曲折
四通八达
……地区……
首善之区
首善之地

通都大邑
街头巷尾
人杰地灵
钟灵毓秀
鱼米之乡
天府之国
世外桃源
蓬莱仙境
极乐世界
大千世界
花花世界
万水千山
千山万水
四面八方
五湖四海
依山傍水

动物

飞禽走兽
珍禽奇兽
珍禽异兽

景色

……花木……
欣欣向荣
花团锦簇
暗香疏影
含苞待放
亭亭玉立
百花齐放
百花争妍

争奇斗艳
如花似锦
繁花似锦
姹紫嫣红
国色天香
愁红惨绿
奇花异草
琪花瑶草
瑶草琪花
春兰秋菊

绿草如茵
长林丰草
郁郁葱葱
一草一木
茂林修竹
岁寒三友
青翠欲滴
苍翠欲滴
干云蔽日（42）

亭亭如盖
盘根错节
枝叶扶疏
绿叶成荫
金枝玉叶
根深叶茂
枝繁叶茂
衔华佩实
水木清华
……建筑……

瑶台琼室
瑶台银阙
仙山琼阁
琼楼玉宇
玉楼金殿
朱门绣户
亭台楼阁
朱阁青楼
朱甍碧瓦
雕栏玉砌

雕梁画栋
舞榭歌台
歌台舞榭
富丽堂皇
金碧辉煌
美轮美奂
鳞次栉比
千门万户
拔地而起
巍然屹立

01 写人和描景

附录 分类成语

建筑破败	五彩斑斓	龙飞凤舞	一泻千里	月黑风高	具体而微
残垣断壁	五彩缤纷	……山水……	百转千回	……月夜……	交相辉映
断壁残垣	五色缤纷	青山绿水	千回百转	花前月下	相映成趣
断井颓垣	绚丽多彩	绿水青山	万壑争流	朗月清风	错落有致
败井颓垣	异彩纷呈	水送山迎	翻江倒海	月白风清	喷薄欲出
蛛网尘封	鲜艳夺目	气壮山河	浩浩荡荡	风清月白	奇形怪状
百孔千疮	绚烂夺目	大好河山	汹涌澎湃	月朗风清	千姿百态
千疮百孔	目迷五色	锦绣山河	白浪滔天	月明千里	不可名状
满目疮痍	……山峦……	锦绣河山	风急浪高	月明星稀	美不胜收
满目凄凉	千岩万壑	锦绣江山	狂涛巨浪	光风霁月	赏心悦目
光芒色彩	三山五岳	江山如画	波澜不惊	月夜花朝	生意盎然
光芒万丈	擎天一柱	名山大川	风平浪静	花朝月夕	诗情画意
光焰万丈	高耸入云	奇山异水	烟波浩渺		一览无余
光芒四射	壁立千仞	山光水色	一碧万顷	时隐时现	历历在目
流光溢彩	崇山峻岭	山明水秀	碧海青天	影影绰绰	引人入胜
奇光异彩	童山濯濯	山清水秀	……黎明……	若隐若现	别有风味
光怪陆离	悬崖峭壁	山重水复	月落参横	若有若无	别有天地
光辉灿烂	悬崖绝壁	水碧山青	月落星沉		别有洞天
错彩镂金	层峦叠嶂	水光山色	斗转参横	风光旖旎	天造地设
大红大紫	重峦叠嶂	湖光山色	晓风残月	旖旎风光	洞天福地
万紫千红	殊形妙状	江河湖海	……夜景……	风月无边	曲径通幽
五光十色	连绵不断	水天一色	火树银花	无边风月	大块文章
五颜六色	连绵不绝	一片汪洋	灯火辉煌	良辰美景	
斑驳陆离	峰回路转	汪洋大海	万家灯火	美景良辰	

季节	生机勃勃	桃红柳绿	傍花随柳	鸟语花香	春色满园
	生气勃勃	桃李争妍	花红柳绿	花香鸟语	春深似海
……春天……	春寒料峭	杏雨梨云	草长莺飞	春光明媚	春意阑珊
大地回春	乍暖还寒	柳暗花明	燕语莺啼	春和景明	莺老花残
万象更新	春暖花开	(44)	莺歌燕舞	春意盎然	绿肥红瘦

113

01 写人和描景

附录 分类成语

季节

……夏天……
落英缤纷
春花秋月

火伞高张
流金铄石
铄石流金
……秋天……
秋高气爽

桂子飘香
金风玉露
秋风落叶
西风残照
西风落叶

……冬天……
残冬腊月
寒冬腊月
数九寒天
岁暮天寒

冰天雪地
滴水成冰
雪窖冰天（46）
风刀霜剑

天寒地冻
盛暑祁寒
祁寒溽暑
四时八节

气象

……阴……
昏天黑地
天昏地暗
……晴……
风和日丽
风轻云淡
云淡风轻
风和日暖
雨过天青
雨过天晴

天朗气清
云消雾散
云开雾散
……雨……
大雨滂沱
滂沱大雨
大雨如注
瓢泼大雨
倾盆大雨
……风……
飞沙走石
迎风招展

风起云涌
风卷残云
和风细雨
斜风细雨
凄风苦雨
凄风冷雨
狂风暴雨
急风暴雨
疾风暴雨
疾风骤雨
暴风骤雨

满城风雨
山雨欲来风满楼
风雨如晦
风吹雨打
风雨交加
风雨凄凄
风雨萧条
……雪……
雪虐风饕
碎琼乱玉
乱琼碎玉

粉妆玉砌
琼枝玉树
琼堆玉砌
琼楼玉宇
天女散花
纷纷扬扬
……云……
虚无缥缈
密云不雨
彤云密布
云舒霞卷
云蒸霞蔚

云兴霞蔚
余霞成绮
电闪雷鸣
风花雪月
风霜雨雪
气象万千

丰富

纤悉具备
纤悉无遗

一应俱全
无所不包
应有尽有
色色俱全

蔚为大观
洋洋大观
无穷无尽
包罗万象

森罗万象
五花八门
丰富多彩
林林总总

形形色色
琳琅满目
眼花缭乱
目不暇接

目不暇给
应接不暇
移步换形

器物

削铁如泥

宋斤鲁削
文房四宝
油光水滑

锃光瓦亮
光可鉴人
精妙绝伦

玲珑剔透
小巧玲珑
硕大无朋

庞然大物
古色古香
中西合璧

附录 分类成语 02 情绪和神态

高兴
大喜过望
欢呼雀跃
欢天喜地
欢喜若狂
欢欣鼓舞
心花怒放
欣喜若狂
兴高采烈
乐不可支（48）
赏心乐事

神清气爽
心旷神怡
手舞足蹈
载歌载舞
喜不自胜
喜不自禁
喜出望外
喜从天降
喜极而泣
喜气洋洋
喜上眉梢
喜形于色
眉飞色舞

展眼舒眉
仰首伸眉
扬眉吐气
遂心如意
称心如意
安心乐意
谢天谢地
心满意足
志得意满
奔走相告
拍手称快
大快人心
皆大欢喜

举手加额
以手加额
额手称庆
转悲为喜
转愁为喜
转嗔为喜
回嗔作喜
满面春风
春风满面
春风得意
欢蹦乱跳
活蹦乱跳
痛快淋漓

酣畅淋漓
酒酣耳热
不亦乐乎
令人喷饭
令人捧腹
眉开眼笑
捧腹大笑
破涕为笑
忍俊不禁
喜眉笑眼
喜笑颜开
笑逐颜开
哑然失笑

载笑载言
怡然自得
欣然自得
陶然自得
悠然自得
自得其乐
其乐无穷
其乐融融
乐以忘忧
乐在其中

喜爱
青眼相看
爱屋及乌

情有独钟
如获至宝
爱不释手
爱不忍释

把玩无厌
如痴如醉
如醉如痴
销魂夺魄

乐此不疲（50）
心醉神迷
津津有味

乐不思蜀（52）
乐而忘归
乐而忘返

忧愁
食不下咽
唉声叹气
愁眉不展
愁眉苦脸

攒眉蹙额
愁肠百结
柔肠百结
愁肠寸断
愁肠九转
愁山闷海

日坐愁城
千愁万恨
闲愁万种
新愁旧恨
忽忽不乐
闷闷不乐

郁郁不乐
快快不悦
快快不乐
怏怏不乐
愀然不乐
五内俱焚

五内如焚
郁郁寡欢
落落寡欢
心事重重
忧心忡忡
忧心如焚

长吁短叹
借酒浇愁
强颜欢笑
悲天悯人
忧国忧民
痛定思痛

痛苦
万箭攒心
乱箭攒心
龇牙咧嘴

死去活来
创巨痛深
叫苦不迭

叫苦连天
苦不堪言
切肤之痛

心如刀割
心如刀绞
摘胆剜心

如鲠在喉

02 情绪和神态

附录 分类成语

悲伤

泪流满面
泪如泉涌
老泪纵横
痛哭流涕
痛哭失声
泣不成声
吞声饮泣
饮泣吞声
向隅而泣

泪如雨下
以泪洗面
涕泪交零
涕泗横流
涕泗滂沱
泫然出涕
泫然泣下

怆然泪下
潸然泪下
泣下如雨
泣下沾襟
泣血捶心
声泪俱下
哭天抹泪
哭天抢地
鬼哭狼嚎

鬼哭神号
悲不自胜
悲从中来
**不堪回首
（54）**
缠绵悱恻
楚囚相对
**肝肠寸断
（56）**

柔肠寸断
捶胸顿足
呼天抢地
慷慨悲歌
长歌当哭
黍离之悲
撕心裂肺
撕肝裂肺
痛不欲生

痛心入骨
痛入骨髓
悲痛欲绝
哀哀欲绝
如丧考妣

恐惧

敛声屏气
重足屏气
战战兢兢
**不寒而栗
（58）**
风声鹤唳
**草木皆兵
（60）**

**谈虎色变
（62）**
侧目而视
侧足而立
重足而立
怛然失色
大惊失色
惊惶失色
相顾失色
面如土色

面如死灰
面无人色
毛发倒竖
毛骨悚然
钳口结舌
杜口裹足
道路以目
魂不附体
魂飞魄散
魂飞天外

**惊弓之鸟
（64）**
惊心动魄
惊魂未定
惊恐万状
诚惶诚恐
亡魂丧胆
闻风丧胆
闻风破胆
望而生畏

畏敌如虎
畏缩不前
趑趄不前
望而却步
胆战心惊
提心吊胆
悬心吊胆
担惊受怕
破胆寒心
心胆俱裂

心寒胆落
心惊胆寒
心惊胆裂
心惊胆战
胆战心惊
心殒胆落
心惊肉跳
心有余悸
汗流浃背
汗如雨下

迷茫

如堕
五里雾中
如堕烟雾

如坐云雾
若有所失
恍然若失

爽然自失
爽然若失
惘然若失

茫然若失
茫然失措

迷糊

腾云驾雾
云山雾罩

颠三倒四
昏昏沉沉

昏昏欲睡
昏头昏脑

昏头涨脑
晕头转向

浑浑噩噩
睡眼惺忪

恍惚

心神恍惚
精神恍惚

神思恍惚
神情恍惚

神魂颠倒
魂不守舍

神不守舍
心荡神摇

116

附录 分类成语 **02 情绪和神态**

愤怒

勃然大怒	气涌如山	令人发指	奋袂而起	是可忍，孰不可忍
大发雷霆	拂袖而去	怒火中烧	裸袖揎拳	悲愤填膺
柳眉倒竖	雷霆之怒	怫然作色	怒目而视	揎拳捋袖	义愤填膺
横眉立目	暴跳如雷	恼羞成怒	怒气冲冲	敢怒而不敢言	人神共愤
横眉怒目	火冒三丈	老羞成怒	怒气冲天	愤世嫉俗	胸中垒块
直眉瞪眼	七窍生烟	气急败坏	怒形于色	愤愤不平	胸中块垒
发指眦裂	气冲牛斗	**怒发冲冠（66）**	怒不可遏	忍无可忍	呵壁问天
瞋目扼腕	气冲斗牛		拍案而起		

仇恨

恨之入骨（70）	切齿腐心	**食肉寝皮（72）**	挫骨扬灰	血海深仇
疾首蹙额（68）	切齿痛心		新仇旧恨	
	恨入骨髓	深恶痛绝	投畀豺虎	深仇大恨
	咬牙切齿	痛心疾首	焚骨扬灰	苦大仇深

抱怨

牢骚满腹	耿耿于怀	怨气冲天	不甘	死不瞑目
心存芥蒂	怨天尤人	怨气满腹		

厌恶

不胜其烦	掩鼻而过
令人作呕	

惭愧

无地自容（74）	自惭形秽	愧天怍人
	面红耳赤	汗颜无地

惊讶

张口结舌	触目惊心	**呆若木鸡（76）**	泥塑木雕
瞠目结舌	咂嘴弄舌		面面相觑
目瞪口呆	大吃一惊	大惊小怪	一座皆惊

后悔

噬脐莫及（78）	后悔莫及	悔之无及	抱恨终天
	后悔无及	悔不当初	终天之恨
	追悔莫及	悔之晚矣	自怨自艾

02 情绪和神态

附录 分类成语

不安
卧不安席　如坐针毡(82)　心烦意乱　踟蹰不安　受宠若惊
寝不安席　　　　　　　心旌摇曳　忐忑不安　如临大敌
秉烛待旦　寝食不安　食不甘味　心乱如麻　惴惴不安　做贼心虚(86)
目不交睫　一夜十起　无所适从(84)　心神不定　惶恐不安
夜不能寐　不可终日　　　　　　　心猿意马　坐立不安　人心惶惶
夜不成寐　芒刺在背(80)　罔知所措　七上八下　坐立不宁
睡卧不宁　　　　　　搔首踟蹰　踧踖不安　坐卧不安
辗转反侧　如芒在背　左顾右盼　局促不安　坐不安席

慌张
　　　　　　手忙脚乱　方寸大乱(88)　不知所措　惊慌失措(90)
　　　　　　心慌意乱　　　　　　手足无措
慌不择路　心劳意攘　丢魂失魄　仓皇失措　惊惶失措
慌手慌脚　六神无主　失魂落魄　失惊打怪

从容
　　　　　　若无其事　不徐不疾　神色自若(92)　神色不惊　落落大方
　　　　　　行若无事　不疾不徐　　　　　　　处变不惊
不动声色　处之泰然　履险如夷　坦然自若　神色不动
不露声色　泰然处之　慢条斯理　谈笑自若　从容不迫
面不改色　好整以暇　闲庭信步　言笑自若　雍容不迫
不慌不忙　安之若素　泰然自若　镇定自若　雍容闲雅

平静
　　　　　　古井无波　心平气和　气定神闲　心如止水　食甘寝安
　　　　　　静若止水　平心静气　心如古井　波澜不惊　心安理得

轻松
如释重负(94)　高枕无忧

兴致
　　　　　　兴会淋漓　饶有兴味　……扫兴……　兴味索然　乘兴而来，
　　　　　　兴味盎然　闲情逸致　大煞风景　意兴阑珊　败兴而返
兴致勃勃　兴致盎然　意犹未尽　意兴索然

附录 分类成语 02 情绪和神态

严厉
声色俱厉（96）　疾言厉色　夏日可畏
　　　　　　　　正颜厉色

严肃
正襟危坐　郑重其事　不苟言笑　道貌岸然
目不斜视　一本正经　笑比河清　愀然变色

和善
平易近人　和蔼可亲　一团和气　笑容可掬　慈眉善目
冬日可爱　蔼然可亲　和颜悦色　言笑晏晏

得意
扬扬自得（98）　得意忘形（100）　意得志满　顾盼自雄　自鸣得意
　　　　　　　　　　　　　　　　意气扬扬　神气活现　忘乎所以
扬扬得意　洋洋自得　得意扬扬　沾沾自喜　神气十足
洋洋得意　昂然自得　得意洋洋　踌躇满志　挺胸凸肚

傲慢
旁若无人（102）　趾高气扬（104）　恃才傲物　大模大样　吆五喝六
　　　　　　　　　　　　　　　　　矜才使气　大摇大摆　自高自大
骄傲自满　目中无人　高视阔步　居功自傲　咄咄逼人（108）　自命不凡
班门弄斧　目空一切　不可一世　心高气傲　　　　　　　　　自命清高
布鼓雷门　眼空四海　居高临下　傲睨万物　妄自尊大　自视甚高
好为人师　耀武扬威　盛气凌人（106）　傲世轻物　拒人千里　自以为是
昂首天外　颐指气使　　　　　　桀骜不驯　呼幺喝六　倚老卖老

自卑
妄自菲薄
自轻自贱

自恋
顾影自怜
山鸡舞镜

沮丧
怅然若失　万念俱灰　半死不活　心灰意冷　萎靡不振
垂头丧气　无精打采　心如槁木　心慵意懒　委靡不振
黯然神伤　灰心丧气　没精打采　心如死灰　大失所望　一蹶不振
黯然失色　槁木死灰　无情无绪　灰头土脸　死气沉沉
黯然销魂　朽木死灰　有气无力　心灰意懒　暮气沉沉

119

02 情绪和神态

思念
朝思暮想　昼思夜想　睹物思人　宛然在目　心心念念
日思夜想　坐想行思　魂牵梦萦　历历在目　念念不忘
　　　　　行思坐想　重温旧梦　记忆犹新　牵肠挂肚
　　　　　人去楼空　音容宛在　挥之不去　意惹情牵

期盼
令人神往　意往神驰　翘首以待　大旱之望云霓　拭目以待　眼穿肠断
心驰神往　心向往之　翘足引领　　　　　　　　望穿秋水　犀牛望月
　　　　　梦寐以求　引领企踵　大旱望云霓　　望眼欲穿　馨香祷祝
　　　　　翘首企足　延颈举踵　　　　　　　　望断天涯

急迫
　　　　　渴骥奔泉　归心似箭　迫不及待　摩拳擦掌
　　　　　如饥似渴　急不可待　先睹为快　跃跃欲试

焦急
　　　　　抓耳挠腮　油煎火燎　心急如焚
　　　　　火烧火燎　心急火燎　心焦如火

感受
触景生情　触景伤情　离愁别恨　抚今追昔　人非木石　没齿不忘
见景生情　触目伤心　物是人非　感今怀昔　油然而生　没齿难忘
即景生情　睹物伤情　飘飘欲仙　身临其境　沦肌浃髓　奇耻大辱
　　　　　对景伤情　浮想联翩　感同身受　刻骨铭心
　　　　　抚景伤情　思绪万千　人非草木　镂骨铭心

感动
　　　　　扣人心弦　动人心魄　感人肺腑　感天动地
　　　　　动人心弦　震撼人心　催人泪下

激动
　　　　　不能自已　心痒难挠　情不自禁　热血沸腾
　　　　　不由自主　怦然心动　热泪盈眶　心潮澎湃

附录 分类成语 02 情绪和神态

平和
不卑不亢
长揖不拜
不骄不躁
曾经沧海
无忧无虑

感慨
唏嘘不已
扼腕长叹
扼腕叹息

冷漠
无动于衷
爱搭不理
不咸不淡
冷若冰霜
麻木不仁
眉高眼低
漠不关心

疲惫
精疲力竭
筋疲力尽
身心交瘁
心力交瘁
疲惫不堪
人困马乏

空虚
百无聊赖
无病呻吟

复杂情绪
忽冷忽热
喜怒无常
悲喜交集
喜怒哀乐
悲欢离合
哭笑不得
啼笑皆非
百感交集
感慨万千
感慨万端
五味杂陈

神态
打躬作揖
打恭作揖
必恭必敬
毕恭毕敬
气喘吁吁
煞有介事
洗耳恭听
行色匆匆
贼头贼脑
贼眉鼠眼
鬼鬼祟祟
鬼头鬼脑
狼狈不堪
面有难色
形迹可疑
焦头烂额

图书在版编目（CIP）数据

把成语用起来：一读就会用的分类成语故事．一，写人和描景　情绪和神态／歪歪兔童书馆编著． -- 北京：海豚出版社，2020.5（2023.11重印）
ISBN 978-7-5110-5136-3

Ⅰ．①把… Ⅱ．①歪… Ⅲ．①汉语－成语－故事－青少年读物 Ⅳ．① H136.31-49

中国版本图书馆CIP数据核字（2020）第 000042 号

把成语用起来——一读就会用的分类成语故事
歪歪兔童书馆／编著

出 版 人：王　磊
策　　划：宗　匠
监　　制：刘　舒
策划编辑：宋　文
撰　　文：叶晶晶　刘　赫
绘　　画：徐敏君
责任编辑：杨文建　李宏声
装帧设计：王　蕾　侯立新
责任印制：于浩杰　蔡　丽
法律顾问：中咨律师事务所　殷斌律师

出　　版：海豚出版社
地　　址：北京市西城区百万庄大街24号　邮　编：100037
电　　话：（010）85164780（销售）　（010）68996147（总编室）
传　　真：（010）68996147
印　　刷：北京博海升彩色印刷有限公司
开　　本：16 开（860 毫米×1130 毫米）
印　　张：73.25
字　　数：800 千
印　　数：190001-200000
版　　次：2020 年 5 月第 1 版
印　　次：2023 年 11 月第 12 次印刷
标准书号：ISBN 978-7-5110-5136-3
定　　价：450.00 元（全十册）

版权所有　　侵权必究